BERTOLT BRECHT

Der Mond über Soho

66 Gedichte mit Interpretationen

Herausgegeben
von Marcel Reich-Ranicki

Insel Verlag

Druck: Memminger MedienCentrum AG, Memmingen
Printed in Germany
Erste Auflage 2002

1 2 3 4 5 6 – 07 06 05 04 03 02

In memoriam
Thomas Brasch

Inhalt

Anhang

Vorwort

In den Nachschlagebüchern und den Literaturgeschichten wird Bertolt Brecht in erster Linie als Dramatiker genannt und behandelt. Dagegen ist nichts einzuwenden: Es stimmt ja, daß er weder der Lyrik noch der erzählenden Prosa auch nur annähernd soviel Lebenszeit gewidmet hat wie dem Drama und dem Theater; und schließlich waren es die Bühnenwerke, die ihn weltberühmt gemacht haben.

Aber wie wird man Brecht in Zukunft sehen? Die Dichter, die großen und die kleinen, wollen nicht nur ausgiebig gerühmt werden, in der Regel bestehen sie auch darauf, daß man das rühmt, was sie in ihrem Werk für besonders wichtig halten. Besessen vom Theater, wurde Brecht, sobald man seine Lyrik lobte, gleich mißtrauisch, und er zögerte nicht, ihren Wert und ihre Bedeutung herunterzuspielen. Diese Lyrik sei – schrieb er 1928 an Alfred Döblin – »das schlagendste Argument« gegen seine Dramen: »Alle sagen sofort befreit aufatmend, mein Vater hätte mich eben Lyriker und nicht Dramatiker werden lassen sollen.«

Nun sollten wir glücklich sein, daß wir Brecht sowohl Stücke als auch Gedichte und Lieder verdanken – und es ist allemal fragwürdig, die eine Gattung gegen die andere ausspielen zu wollen. Aber obwohl Prophezeiungen zum Metier des Kritikers nicht gehören, dürfen wir ausnahmsweise und ganz leise doch vermuten: Bleiben wird von Bertolt Brecht vornehmlich die Lyrik.

Der junge Dramatiker Brecht war ein expressionistischer oder, genauer, ein postexpressionistischer Meuterer. Er wollte es ganz anders machen als seine Vorläufer. Nicht so der junge Lyriker Brecht: Er war ein Traditionalist, der gern die Formen des Volkslieds übernahm und sich meist an die strengen Regeln der Klassiker hielt.

Der Mißbrauch der Poesie zur Flucht ins Undeutliche und

Verschwommene, dieses Erzübel der deutschen Literatur war ihm verhaßt. Den Lesern, die den Rilkeschen Rhythmus im Blute hatten und die Georgesche Melodie im Ohr, vermochte Brecht zu beweisen, daß der Gesang vernünftig und die Vernunft poetisch sein kann. Er zeigte, daß die Synthese von Dichtung und Intellekt nicht nur nötig, sondern zugleich möglich sei. In den schönsten seiner Verse wandte er sich an mündige Zeitgenossen: Auch die Gedichte über die Liebe schrieb Brecht, ähnlich wie Heine, für denkende und nachdenkliche Menschen.

»Der Liebe pflegte ich achtlos« – heißt es in seinem Gedicht »An die Nachgeborenen«. Ach nein, das trifft eben nicht zu: Was hier als sachlicher Rückblick verstanden werden will, mag mitunter sein Wunsch gewesen sein und seine Absicht, vielleicht gar sein Programm. Aber realisieren ließ sich das nicht. War es ihm peinlich, daß er Frauen nicht nur als Sexualobjekte begehrte? Schämte er sich, daß er auf Herzlichkeit angewiesen war und daß er sich nach Zärtlichkeit sehnte?

Gewiß, Brecht war schlau und listig, ein Taktierer und ein Zyniker. Und er war zugleich ein Liebender und also ein Leidender. Man wirft ihm vor, er habe Frauen oft nur benutzt. In der Tat, er hat Frauen, die er liebte, für seine Zwecke benutzt; und er hat sich bisweilen in Frauen, die er nur benutzen wollte, verliebt.

Doch will es scheinen, daß er bis zum Ende seines Lebens mehr noch als einzelne Individuen die Liebe liebte. So wurde er zum Voyeur seiner erotischen Erlebnisse – wie Franz Kafka. Aber der Prager Jude, der geschlagene, liebte die Liebe unglücklich, Brecht hingegen – nehmen wir alles nur in allem – war von ihr doch auf glückliche Weise beansprucht und abhängig, irritiert und fasziniert. Schon deshalb ging er, anders als Kafka und unabhängig vom Verlauf seiner einzelnen erotischen Erlebnisse, nie leer aus.

Gleichwohl sind seine Liebesgedichte beinahe immer elegisch. Warum eigentlich? Goethe sagte einmal, er brauche nur zum Fenster hinauszusehen, »um in straßenkehrenden Besen und herumlaufenden Kindern die Symbole der sich ewig abnutzenden und immer sich verjüngenden Welt beständig vor Augen zu haben«. Später drückte Goethe diesen Gedanken feierlich und endgültig aus: »Alles Vergängliche / Ist nur ein Gleichnis.« Diesen Prozeß vermag nichts so sichtbar und bewußt zu machen wie die Liebe. Eben deshalb ist erotische Poesie, von wenigen Ausnahmen abgesehen, elegisch, ja sie muß es sein.

Wie alle großen Dichter hatte Brecht keine Bedenken, das schon tausendfach Gesagte noch einmal zu sagen. Nur sagte er es anders als alle seine Vorgänger. In seinen Gedichten und Liedern haben sie sich wiedererkannt: die Liebenden in beiden Teilen Deutschlands. Nach seinen Versen haben ganze Generationen geliebt: Seine Worte haben die Zungen der Liebenden gelöst.

Brecht hat gezeigt, was Liebe zu bewirken vermag – eine überraschende Intensivierung des Lebensgefühls, eine ungeahnte Steigerung unseres Daseins. Das kann man natürlich knapper sagen: Er hat immer wieder das Glück der Liebe gezeigt.

Dieses Glück rühmt auch jenes in der Vertonung von Kurt Weill so populäre Duett, das Mackie Messer und Polly Peachum im ersten Akt der »Dreigroschenoper« singen. Es beginnt:

»Siehst du den Mond über Soho?«
»Ich sehe ihn, Lieber.
Fühlst du mein Herz schlagen, Geliebter?«
»Ich fühle es, Geliebte.«
»Wo du hingehst, da will ich auch hingehen.«
»Und wo du bleibst, da will ich auch sein ...«

Das ist, versteht sich, Ironie und Parodie, ironisches Zitat

und parodistische Collage – vom Mond, dem klassischen Motiv der erotischen Dichtung, bis hin zum Bibelwort. Doch was von der Ironie und der Parodie verborgen wird, ist nichts anderes als der Ernst der Liebe, nicht weniger als ihr Pathos und ihre Poesie.
Brechts Gedicht »An die Nachgeborenen« endet mit der Bitte »Gedenkt unsrer mit Nachsicht«. Ja, wir gedenken seiner mit jener Nachsicht, auf die jeder Sterbliche, also jeder Irrende Anspruch hat. Und wir können seiner auch ohne Nachsicht gedenken, denn gerade er, der Klassiker, bedarf ihrer nicht. Der Platz Bertolt Brechts im Pantheon der deutschen Literatur ist ungeheuer oben.

Marcel Reich-Ranicki

AUSLASSUNGEN EINES MÄRTYRERS

1
Ich zum Beispiel spiele Billard in der Bodenkammer
Wo die Wäsche zum Trocknen aufgehängt ist und pißt
Meine Mutter sagt jeden Tag: es ist ein Jammer
Wenn ein erwachsener Mensch so ist

2
Und so etwas sagt, wo ein anderer Mensch nicht an so
etwas denkt
Bei der Wäsche, das ist schon krankhaft, so was macht ein
Pornografist
Aber wie mir dieses Blattvordenmundnehmen zum Hals
heraushängt
Und ich sage zu meiner Mutter: was, kann denn ich dafür,
daß die Wäsche so ist!

3
Dann sagt sie: so etwas nimmt man nicht in den Mund,
nur ein Schwein
Dann sage ich: ich nehme es ja nicht in den Mund
Und dem Reinen ist alles rein
Das ist doch ganz natürlich, wenn einer sein Wasser läßt,
das tut doch jeder Hund

4
Aber dann weint sie natürlich und sagt: von der Wäsche!
Und ich brächte sie noch unter die Erde
Und der Tag werde noch kommen, wo ich sie werde mit
den Nägeln auskratzen wollen
Aber dann sei es zu spät, und daß ich es noch merken werde
Was ich an ihr gehabt habe, aber das hätte ich dann früher
bedenken sollen.

5

Da kannst du nur weggehen und deine Erbitterung niederschlucken
Wenn mit solchen Waffen gekämpft wird, und rauchen bis du wieder auf der Höhe bist
Dann sollen sie eben nichts von der Wahrheit in den Katechismus drucken
Wenn man nicht sagen darf, was ist.

Robert Gernhardt
Liebe contra Wahrheit

»Du sollst Vater und Mutter ehren«, verlangt das vierte Gebot, doch scheint diese Forderung die Dichter, zumal die der Neuzeit, nicht sonderlich beeindruckt zu haben. Während sie in ihren Werken die Väter bis zum Mord befehden, wird der Mutter in der Regel statt bloßer Verehrung schiere Liebe entgegengebracht, so, als habe es der Sprößling nicht mit einem Eltern*paar* zu tun, sondern mit zwei einander fremden, ja feindlichen Prinzipien, mit Hirn und Herz, Schwarz und Weiß, Böse und Gut. Brecht macht da eine Ausnahme: Er hadert mit seiner Mutter. Ja, seiner, da das Gedicht getrost autobiographisch gelesen werden kann: Nicht irgendein lyrisches Ich redet da, der Jungdichter Brecht sagt »Ich«, weil er das Wort in eigener Sache ergreifen muß. Sein unaufdringlich kunstvolles Plädoyer wendet sich in kreuzgereimter Alltagssprache an einen Zuhörer, den er zum Zeugen, wenn nicht zum Richter in Sachen Sohn contra Mutter aufruft: Wer hat nun recht – Berthold (der sich später Bertolt nannte) oder Sophie Brecht?

Der neunzehnjährige Sohn hat – offenbar nicht zum ersten Mal – von der Wäsche gesagt, sie »pisse«. Ein Vater hätte sich solche Ausdrucksweise brüsk verbeten, die Mutter arbeitet mit subtileren Strategien. Sie sorgt sich: Du bist krank, mein Sohn. Sie grämt sich: Du bist kein Mensch, mein Sohn. Und sie wehrt sich, indem sie den Sohn unter Tränen zum potentiellen Muttermörder stempelt: »Und der Tag werde noch kommen, wo ich sie werde mit den Nägeln auskratzen wollen.«

Die Mutter klagt nicht Gehorsam ein, sondern Liebe. Wer seine Mutter liebt, unterdrückt ihr zuliebe Worte wie »pissen«. Ja, er denkt sie nicht einmal, schon gar nicht »von der Wäsche!«, wenn er nicht den Tod der Mutter riskieren will.

Der Sohn hat auf den ersten Blick denkbar schlechte Karten. Muß er denn wirklich so von der Wäsche reden? Handelt es sich bei deren »Wasserlassen« nicht lediglich um die Übertragung von Belebtem auf Lebloses, um eine Metapher also? Wiegt metaphorischer Sprachgebrauch den möglichen Tod der Mutter auf?

Im Namen der Wahrheit des Katechismus verweigert der Sohn jedwedes Blattvordenmundnehmen, doch meint er – in Wahrheit – die Wahrheit der Kunst und die Freiheit des Dichters, koste es, was es wolle, aber auch wirklich alle Worte und Bilder zu denken, zu sagen und niederzuschreiben, die dieser Kunstwahrheit dienen.

Brecht hat sein Plädoyer in eigener Sache zu Lebzeiten nicht veröffentlicht, den Prozeß jedoch in weiteren Gedichten fortgeführt. 1920 starb die Mutter an Krebs, und der Sohn gedachte ihrer im achten seiner im selben Jahre veröffentlichten Psalmen, »Lied von meiner Mutter«, deren sechste und siebte Strophe lauten: »Oh, warum sagen wir das Wichtige nicht, es wäre so leicht und wir werden verdammt darum. Leichte Worte waren es, dicht hinter den Zähnen, waren herausgefallen beim Lachen und wir ersticken daran in unserem Halse. / Jetzt ist meine Mutter gestorben gestern, auf den Abend, am 1. Mai! Man kann sie mit den Fingernägeln nicht mehr auskratzen!«

Ein Schuldbekenntnis? Vielleicht. Aber keine Abbitte. Ein Gedicht, das zwei Jahre später entstand und sieben Jahre später die Sammlung der »Hauspostille« beschließen sollte, »Vom armen B.B.«, redet eine deutliche Sprache. *Ich Bertolt Brecht bin aus den schwarzen Wäldern. / Meine Mutter trug mich in die Städte hinein / Als ich in ihrem Leib lag*, heißt es da, aber auch: »Gegen Morgen in der grauen Frühe pissen die Tannen.«

Was die aus dem Schwarzwald stammende Mutter wohl dazu gesagt hätte? Vermutlich: »Von den Tannen!«

GEGEN VERFÜHRUNG

1

Laßt euch nicht verführen!
Es gibt keine Wiederkehr.
Der Tag steht in den Türen;
Ihr könnt schon Nachtwind spüren:
Es kommt kein Morgen mehr.

2

Laßt euch nicht betrügen!
Das Leben wenig ist.
Schlürft es in schnellen Zügen!
Es wird euch nicht genügen
Wenn ihr es lassen müßt!

3

Laßt euch nicht vertrösten!
Ihr habt nicht zu viel Zeit!
Laßt Moder den Erlösten!
Das Leben ist am größten:
Es steht nicht mehr bereit.

4

Laßt euch nicht verführen
Zu Fron und Ausgezehr!
Was kann euch Angst noch rühren?
Ihr sterbt mit allen Tieren
Und es kommt nichts nachher.

Horst Krüger
Gegen Verführung?

Dieses Gedicht ist in seiner Art vollkommen: vollkommen schön, vollkommen klar. Ist es auch vollkommen wahr? Es definiert Brechts Verhältnis zum Tod. Selten ist das, was man den dialektischen Materialismus des Marxismus nennt (und was bei den Klassikern des Marxismus meist einen immensen Begriffsapparat in Bewegung setzte), so einfach, so bildhaft, so fast volksliedhaft sangbar in Sprache übergegangen. »Der Tag steht in den Türen; / Ihr könnt schon Nachtwind spüren« – die Bilder, reimhaft, nehmen die Tradition deutscher Lyrik seit Goethe auf. Auch Romantik schwingt mit, romantisches Ungenügen, unstillbare Lebenslust: »Schlürft es in vollen Zügen! / Es wird euch nicht genügen / Wenn ihr es lassen müßt!«

Auch dies ist, wie bei Brecht fast immer, ein Lehrgedicht. Es vertritt eine These. Es will aufklären. Ja, es verkörpert in seinem didaktischen Tenor geradezu den Extremfall von Belehrung. Es lebt ganz aus dem Pathos aufklärerischer Unterweisung. »Laßt euch nicht verführen!« – die Eingangszeile geht bis zur letzten Zeile als erzieherischer Zeigefinger bewußt und ganz unüberhörbar durch das Gedicht. So sollt ihr es sehen! So steht ein Lehrer vor seiner Schulklasse. So sieht sich ein Sozialrevolutionär vor seiner Klasse.

Trotzdem ist es an keiner Stelle lehrhaft blaß, theoretisch, nur »aufklärerisch«. Im Gegenteil: es ist, als wenn die Dramatik und Wucht des Todesthemas letzte Tiefenerfahrungen des Dichters freigelegt hätte. Weisheit, nicht Wissen treibt diese Belehrung voran. Auch Weisheit der Bescheidung: »Ihr sterbt mit allen Tieren / Und es kommt nichts nachher.«

Was das Gedicht im historischen Kontext marxistischer Aufklärung meint, ist evident: Aufklärung gegen Klerikalismus und Mystizismus. Die kirchliche Tröstung auf ein besseres Jenseits zugunsten der Massenarmut hier, also auch zugunsten stabilisierter, konservativer Besitzverhältnisse wird schroff zurückgewiesen – mit Recht. »Laßt euch nicht verführen! Zu Fron und Ausgezehr!« Es ist ein leidenschaftlicher Aufruf, das Diesseits, die Irdischkeit ernst zu nehmen, voll auszuschöpfen, ja das eine Leben, das jeder nur hat, zur Feier irdischer Fülle sich entwickeln zu lassen: »Schlürft es in vollen Zügen!« Solche dionysischen Aufbrüche haben Seltenheitswert in der marxistischen Anthropologie, die gemeinhin den Menschen ja eher als Teil des ökonomischen Prozesses versteht und – verwertet.

Gleichwohl scheint mir das Stück revolutionärer Sprengkraft, das in solchen Sätzen steckt, von der heutigen Situation her, merkwürdig rückwärtsgewandt, als kritische Auseinandersetzung mit der christlich-bürgerlichen Ideologie. Soweit es den Mißbrauch von Jenseitsvertröstungen attakkiert, ist es unverändert aktuell und wahr. Geht man aber zum Beispiel von der Utopie eines gelungenen Sozialismus aus (in dem ökonomische Ausbeutung nicht mehr vorhanden wäre), so zeigt es zugleich seine Grenze. Ich habe dieses Gedicht immer bewundert – ich kann ihm trotzdem nicht folgen, zuletzt. Der Tod wird einfach als Schlußpunkt hypostasiert: »Ihr sterbt mit allen Tieren« – dies ist einerseits richtig. Andererseits wirft es eine Tür einfach zu, die man eben offenhalten sollte, meine ich.

Ob man es nun mit Bloch »Das Prinzip Hoffnung« nennt oder mit Jaspers »Die Grenzerfahrung« – der Tod, indem er fast autoritär zum absoluten Schlußpunkt deklariert wird, wird um ein Winziges gebracht, was sein Wesen ausmacht: das Fragezeichen. »Gegen Verführung« – Gegenverführung? frage ich.

APFELBÖCK ODER DIE LILIE AUF DEM FELDE

1
In mildem Lichte Jakob Apfelböck
Erschlug den Vater und die Mutter sein
Und schloß sie beide in den Wäscheschrank
Und blieb im Hause übrig, er allein.

2
Es schwammen Wolken unterm Himmel hin
Und um sein Haus ging mild der Sommerwind
Und in dem Hause saß er selber drin
Vor sieben Tagen war es noch ein Kind.

3
Die Tage gingen und die Nacht ging auch
Und nichts war anders außer mancherlei
Bei seinen Eltern Jakob Apfelböck
Wartete einfach, komme was es sei.

4
Es bringt die Milchfrau noch die Milch ins Haus
Gerahmte Buttermilch, süß, fett und kühl.
Was er nicht trinkt, das schüttet Jakob aus
Denn Jakob Apfelböck trinkt nicht mehr viel.

5
Es bringt der Zeitungsmann die Zeitung noch
Mit schwerem Tritt ins Haus beim Abendlicht
Und wirft sie scheppernd in das Kastenloch
Doch Jakob Apfelböck, der liest sie nicht.

6
Und als die Leichen rochen durch das Haus
Da weinte Jakob und ward krank davon.
Und Jakob Apfelböck zog weinend aus
Und schlief von nun an nur auf dem Balkon.

7
Es sprach der Zeitungsmann, der täglich kam:
Was riecht hier so? Ich rieche doch Gestank.
In mildem Licht sprach Jakob Apfelböck:
Es ist die Wäsche in dem Wäscheschrank.

8
Es sprach die Milchfrau einst, die täglich kam:
Was riecht hier so? Es riecht, als wenn man stirbt!
In mildem Licht sprach Jakob Apfelböck:
Es ist das Kalbfleisch, das im Schrank verdirbt.

9
Und als sie einstens in den Schrank ihm sahn
Stand Jakob Apfelböck in mildem Licht
Und als sie fragten, warum er's getan
Sprach Jakob Apfelböck: Ich weiß es nicht.

10
Die Milchfrau aber sprach am Tag danach:
Ob wohl das Kind einmal, früh oder spät
Ob Jakob Apfelböck wohl einmal noch
Zum Grabe seiner armen Eltern geht?

Ruth Klüger
Zwischen Sophokles und Boulevardpresse

Noch heute schockiert dieses Gedicht ein wenig, so hartgesotten wir, durch szenische Gewalt in Film und Fernsehen, auch geworden sind. Es sollte ursprünglich 1920 in einer Berliner Zeitschrift namens »Das Bordell« herauskommen, die aber noch vor der ersten Auslieferung beschlagnahmt und wegen Unzucht verboten wurde. Die Quelle war eine wahre Mordgeschichte, begangen im Jahre 1919 von einem Dreizehnjährigen, so behauptet Brecht in der »Hauspostille«, wo das Gedicht 1927 erschien. Eigentlich war der Junge schon sechzehn, und die Tat war nicht ganz unbegründet; Brecht machte daraus ein sinnloses Verbrechen, begangen von einem noch nicht verantwortlichen Kind.

In einer Postille wird gepredigt, hier wird eher provoziert. Der Verweis auf die Bergpredigt im Titel des Gedichts deutet auf den Widerspruch zwischen deren Versicherung, daß der Herr sich um seine unschuldigen Kreaturen kümmert, und einer widernatürlichen Untat ohne erkennbare Ursache; auch ohne erkennbare Nachwirkung, denn nicht die Tat, sondern der unangenehme Verwesungsgeruch löst die Tränen des Jungen aus: ein Fall für die Psychiatrie. Was soll die Lyrik mit einem solchen Thema?

Anders als im neunzehnten Jahrhundert, eine letzte Blütezeit der Ballade, lesen wir heute Erzählungen fast nur in Prosaform. Aber es gibt eben Ausnahmen, und Brecht war ein Großmeister des erzählenden Gedichts. Hier wählte er den Leierkastenton des Bänkelsängers, die Eintönigkeit von naivem Ausdruck und Reimschema, doch ohne das Zetergeschrei und den Moralismus der volkstümlichen Moritaten. Es walten mildes Licht und gutes Wetter, kein Sturm, keine Wutausbrüche.

In der ersten Fassung gab es eine weitere (vierte) Strophe:

Und als die Leichen rochen aus dem Spind / Da kaufte Jakob eine Azalee / Und Jakob Apfelböck, das arme Kind / Schlief von dem Tag an auf dem Kanapee. Brecht hat diese Strophe zu Recht gestrichen. Erstens haben wir uns diesen Mörder nicht in Blumengeschäften und wie einen jungen Dandy, mit einer Azalee in der Hand nach Hause zurückkehrend, vorzustellen, sondern als kindlichen Killer, der ohne Unterbrechung bei den Toten bleibt, wartend, er weiß nicht, worauf, und der zu phantasielos ist, um Leichengeruch mit Blumen zu vertreiben. Zweitens ist es gerade die Einheit des Ortes und der Handlung, gepaart mit der Eintönigkeit der Verse, die die irritierende Ästhetik dieses Gedichts ausmacht.

Nun ist aber das Zeug zu sensationellen Zeitungsberichten und zu griechischen Tragödien dasselbe: Man denke an Orestes, den Muttermörder, Ödipus, den Vatermörder. Diese klassischen Täter sind insofern unschuldig, als das Schicksal sie in ihre Vergehen treibt. Bei Jakob Apfelböck ist statt Schicksal ein Impuls oder eine Veranlagung im Spiel, die sich seiner Kontrolle und unserem Verständnis entziehen. In beiden Fällen, bei den Griechen wie beim armen Jakob, entsteht der Eindruck des Unausweichlichen, der Eindruck eines Täters, dessen Taten nicht von seinem Willen gelenkt werden.

Zur literarischen Behandlung von Tatsachen gehören der Kommentar, das sehende Auge, die klagende Stimme, zum Beispiel der Chor der antiken Tragödie. Dieser bekennt gerne, daß er aus ganz gewöhnlichen Menschen besteht, die keine Ungeheuerlichkeiten begehen und denen sie auch nicht zustoßen, die sie aber wahrnehmen und darauf reagieren. Bei Brecht sind es Milchfrau und Zeitungsmann, die diese Rolle des Chors übernehmen. Sie decken das Verbrechen auf, und die Milchfrau kommentiert es in der letzten Strophe. Ihre Anspielung auf das sentimentale Lied vom Waisenkind, das nichts hat als *die Rasenbank am Eltern-*

grab, ist eigentlich die Frage nach Jakobs Gewissen, nach Schuldgefühl und Reue. In ihrer beschränkten Hilflosigkeit wirkt sie lächerlich und unpassend, aber auch wie ein ungelöstes Rätsel, da wir ja keine Lust haben, über diesen Mordfall zu lachen.
Die Tragödie, heißt es, reinigt die Gefühle durch Jammer und Schrecken, anders gesagt, durch Mitleid und Furcht; die Boulevardpresse hingegen stachelt Lust und Neugier an. Und deine Gefühle, lieber betroffener Leser? Hier läßt uns der Dichter im Stich, der Vorhang fällt, und es bleiben alle Fragen offen.

DAS SCHIFF

1

Durch die klaren Wasser schwimmend vieler Meere
Löst ich schaukelnd mich von Ziel und Schwere
Mit den Haien ziehend unter rotem Mond.
Seit mein Holz fault und die Segel schlissen
Seit die Seile modern, die am Strand mich rissen
Ist entfernter mir und bleicher auch mein Horizont.

2

Und seit jener hinblich und mich diesen
Wassern die entfernten Himmel ließen
Fühl ich tief, daß ich vergehen soll.
Seit ich wußte, ohne mich zu wehren
Daß ich untergehen soll in diesen Meeren
Ließ ich mich den Wassern ohne Groll.

3

Und die Wasser kamen, und sie schwemmten
Viele Tiere in mich, und in fremden
Wänden freundeten sich Tier und Tier.
Einst fiel Himmel durch die morsche Decke
Und sie kannten sich in jeder Ecke
Und die Haie blieben gut in mir.

4

Und im vierten Monde schwammen Algen
In mein Holz und grünten in den Balken:
Mein Gesicht ward anders noch einmal.
Grün und wehend in den Eingeweiden
Fuhr ich langsam, ohne viel zu leiden
Schwer mit Mond und Pflanze, Hai und Wal.

5
Möw' und Algen war ich Ruhestätte
Schuldlos immer, daß ich sie nicht rette.
Wenn ich sinke, bin ich schwer und voll.
Jetzt, im achten Monde, rinnen Wasser
Häufiger in mich. Mein Gesicht wird blasser.
Und ich bitte, daß es enden soll.

6
Fremde Fischer sagten aus: sie sahen
Etwas nahen, das verschwamm beim Nahen.
Eine Insel? Ein verkommnes Floß?
Etwas fuhr, schimmernd von Möwenkoten
Voll von Alge, Wasser, Mond und Totem
Stumm und dick auf den erbleichten Himmel los.

Siegfried Melchinger
Sprache im Überfluß

Vielleicht ist er damals, als das Gedicht entstand, ich denke um 1924, noch nie auf einem Schiff gefahren, sicherlich nicht auf den Meeren, deren größtes er dann auf der Flucht überqueren sollte, »öfter als die Schuhe die Länder wechselnd«, und doch wußte er alles darüber, er hatte »Das trunkene Schiff« gelesen. Vielleicht ist das Ganze ein Plagiat, und ein Dissertant findet eines Tages die »Quelle«: 1924 – das war die Zeit, als er die erste Schwierigkeit mit seiner »bekannten Laxheit in Fragen des geistigen Eigentums« hatte, lange bevor Kerr die Villon-Verse in der »Dreigroschenoper« entdeckte, »gestohlen« aus der Übertragung von K.L. Ammer. (Ihn habe ich 1941 in Wien kennengelernt, er hieß Klammer und war k. u. k. Oberst a. D., er sah aus wie Brechts Antityp, jeder Zoll ein Seigneur, und er versicherte mir, daß er stets auf der Seite Brechts – und Karl Kraus' – gestanden sei; von ihm waren auch die Verse Rimbauds übersetzt, deren Plagiat 1924 im »Dickicht der Städte« gefunden und bloßgestellt worden war.)
Das Gedicht steht in der »Hauspostille«, und da muß ich noch einmal autobiographisch werden. Sie ist 1927 erschienen: Freunde der Lyrik, Altersgenossen, Zeitgenossen – welch ein Jahr! Ich war mit der halbfertigen Doktorarbeit (»Sturm und Drang«, natürlich) aus München nach Tübingen zurückgekehrt, und im Gepäck waren die drei Bändchen dieses Jahres.: Klabunds »Harfenjule«, Kästners »Herz auf Taille« und die »Hauspostille«. Klabunds Kaschemmenpoesie – auch Brecht nannte seine frühen Stücke gern Kaschemmentheater (wo geraucht werden darf, daher auch »Rauchtheater«), Kästners verschämte Schnoddrigkeit und Bürgerschreck, Brechts unziemliche »Lektionen«. Niemals wurden durchlässigere Masken getragen; die Masken sollten

schockieren, aber die Gefühle liefen den Schockern davon.

»Das Schiff« gehört zur ersten »Lektion«, auch »Bittgang« genannt, »wendet sich direkt an das Gefühl des Lesers«. Worum »Das Schiff« bittet, ist schwer zu sagen, aber das Gefühl, an das es sich wendet, ist sehr allgemein. Ein Topos der Lyrik? Was ist denn Lyrik? Mit Rimbaud sollte man antworten: Imagination und Vokale bedürfen der Worte, die imaginieren, was als i oder e oder o klingt. Strophe 2 zum Beispiel: »hinblich«, »mich diesen«, »Himmel ließen«, »fühl ich tief«. Und dazu immer wieder »Himmel«, »Meere«, »die Wasser«, »Tiere«, »Algen« und der »Mond«. Fast zu deutlich steht das Leitmotiv des Topos in der zweiten Zeile: gelöst von »Ziel und Schwere«, Lust am Untergang, Sinken, Verfall.

Beim Stichwort Verfall taucht einer auf, der 1914 umkam: Trakl. Aber Brecht hatte nichts von seiner Schwermut. Das Schiff sagt es offen: »ohne Groll«, »ohne mich zu wehren«, »ohne doch zu leiden«. Untergang ist auch recht, und schön zu dichten. Eine Elegie.

Sollte man dem Anarchisten dieses spanische Korsett zutrauen, das er als Form bestimmte: je zweimal a + a + b, a weiblich, b männlich? Und die Logik der von Strophe zu Strophe fortschreitenden Zeit: der vierte Mond, der achte Mond, das letzte wie eine Flaschenpost, die aus der Zeit herausschwimmt?

Übersehen wir nicht, daß es sich wohl nur um eine Etüde handelt. Nicht weit davon steht, auf ganz anderem Papier geschrieben, der Vierzeiler: »Von der Erde voller altem Wind / Geht ihr all bedeckt mit Schorf und Grind. / Fast ein jeder hat die Welt geliebt / Wenn man ihm zwei Hände Erde gibt.« Und wie viel andere Töne sonst noch in dieser »Hauspostille«! Wenn man alles ineinander dividiert – was kommt heraus? Nun, das: »Von armen b. b.«

Kein großes Gedicht. Aber es hätte nichts zu sagen, wenn es ein Plagiat wäre: ist unsere Einbildungskraft nicht voller Plagiate? Es wäre auch dann noch: Sprache in reinem Fluß, im Überfluß. Und Musik mit Hintersinn, Poesie. Laßt uns sagen: es hat Schönheit.

VOM ERTRUNKENEN MÄDCHEN

1
Als sie ertrunken war und hinunterschwamm
Von den Bächen in die größeren Flüsse
Schien der Opal des Himmels sehr wundersam
Als ob er die Leiche begütigen müsse.

2
Tang und Algen hielten sich an ihr ein
So daß sie langsam viel schwerer ward.
Kühl die Fische schwammen an ihrem Bein
Pflanzen und Tiere beschwerten noch ihre letzte Fahrt.

3
Und der Himmel ward abends dunkel wie Rauch
Und hielt nachts mit den Sternen das Licht in Schwebe.
Aber früh ward er hell, daß es auch
Noch für sie Morgen und Abend gebe.

4
Als ihr bleicher Leib im Wasser verfaulet war
Geschah es (sehr langsam), daß Gott sie allmählich vergaß
Erst ihr Gesicht, dann die Hände und ganz zuletzt erst ihr
Haar.
Dann ward sie Aas in Flüssen mit vielem Aas.

Hans-Ulrich Treichel
Gesang vom Vergessen

Seit Shakespeares Ophelia ins Wasser ging, treibt ihre Gestalt noch immer durch die imaginären Flußlandschaften der Poesie und der Malerei. Doch anders als in den erotischen und schönheitstrunkenen Ophelienbildern des Symbolismus und des Jugendstils ist Ophelia in Brechts Gedicht nicht mehr die schöne Braut, die unversehrt und einer weißen Lilie gleich in den Armen der Elemente ruht und den Strom der Zeiten hinabtreibt.

Brecht nimmt auf radikale Weise Abschied vom Bild der schönen Toten, und er tut dies auf unmerkliche, sanfte und gleichsam schwebende Weise. »Sehr langsam« und im Adagio treibt die Tote »von den Bächen in die größeren Flüsse« und schließlich dorthin, wo alles organische Leben endet, in Verwesung und Fäulnis. Ohne das Pathos des Sterbens, denn gestorben wird in diesem Gedicht nicht mehr, überführt der Autor das tote Mädchen aus dem Reich der Menschen in das der Tiere und Pflanzen, um es schließlich gänzlich der Verwesung preiszugeben und gleichzumachen mit allem, was einmal lebte und nun verdirbt.

Brechts Ballade »Vom ertrunkenen Mädchen« gehört in den Kontext seines frühen Stückes »Baal«, dessen erste Fassung 1923 in Leipzig uraufgeführt wurde. Hier ist es der zynische und asoziale Dichter Baal, der in dem Gedicht das Schicksal seiner Geliebten Johanna besingt, die sich, von Baal verführt und entehrt, in den Fluß stürzt und ertränkt. 1927 nahm Brecht das Gedicht in seine Sammlung »Hauspostille« auf, die bekanntlich in »Lektionen« gegliedert ist. Doch die Lektion, die Brechts böser Baal uns mit auf den Weg gibt und die lautet, daß die Liebe wie eine Kokosnuß ist, »die gut ist, solange sie frisch ist, und die man ausspeien muß, wenn der Saft ausgequetscht ist«, und daß die Geliebte, »wenn du sie beschlafen hast«, nur noch »ein Haufen Fleisch« ist,. »der kein Gesicht mehr hat« – diese Lektion aus dem Wörterbuch des Frauenhassers Baal erreicht den Leser der »Hauspostille« nicht mehr.

Denn die, die einmal Johanna hieß, hat nun keinen Namen mehr, und mit ihrem Namen ist auch die Erinnerung an ihr Schicksal getilgt. Das ertrunkene Mädchen ist nur noch »Leiche« und ihr Tod nur noch ein Verwesen, eingefügt in den Kreislauf eines unerbittlichen, alle individuellen Lebensformen tilgenden natürlichen Verfalls. Doch damit nicht genug. Auch der letzte Trost wird ihr und uns versagt: mit dem menschlichen Leib zerfällt auch das Gedächtnis Gottes.

Es ist ein doppelter Prozeß der Verwesung, den Brecht hier lyrisch ins Bild setzt. Dem Verfaulen folgt das Vergessen, und ein Gott, der vergißt, ist kein allmächtiger, sondern selbst ein sterbender, zerfallender Gott. So wird das Gedicht vom ertrunkenen Mädchen am Ende zu einem über den Tod dieses Mädchens in Gott, ja über den Tod Gottes selbst. Was bleibt, ist die einfache, schreckliche Wahrheit, daß niemand weiß, daß wir da sind und waren, und daß über den Wolken nichts ist.

ERINNERUNG AN DIE MARIE A.

1 An jenem Tag im blauen Mond September
Still unter einem jungen Pflaumenbaum
Da hielt ich sie, die stille bleiche Liebe
In meinem Arm wie einen holden Traum.
Und über uns im schönen Sommerhimmel
War eine Wolke, die ich lange sah
Sie war sehr weiß und ungeheuer oben
Und als ich aufsah, war sie nimmer da.

2 Seit jenem Tag sind viele, viele Monde
Geschwommen still hinunter und vorbei.
Die Pflaumenbäume sind wohl abgehauen
Und fragst du mich, was mit der Liebe sei?
So sag ich dir: Ich kann mich nicht erinnern
Und doch, gewiß, ich weiß schon, was du meinst.
Doch ihr Gesicht, das weiß ich wirklich nimmer
Ich weiß nur mehr: ich küßte es dereinst.

3 Und auch den Kuß, ich hätt ihn längst vergessen
Wenn nicht die Wolke dagewesen wär
Die weiß ich noch und werd ich immer wissen
Sie war sehr weiß und kam von oben her.
Die Pflaumenbäume blühn vielleicht noch immer
Und jene Frau hat jetzt vielleicht das siebte Kind
Doch jene Wolke blühte nur Minuten
Und als ich aufsah, schwand sie schon im Wind.

Marcel Reich-Ranicki
Das dialektische Liebesgedicht

Wenn man einer Eintragung Brechts in seinem Notizbuch trauen kann, hat er dieses Gedicht im Zugabteil geschrieben, während einer Fahrt nach Berlin. Es war kurz nach dem Ersten Weltkrieg, er war knapp 22 Jahre alt. Für das Drama suchte er damals neue Wege, in der Lyrik hingegen hielt er sich vor allem an die Tradition. Oft befolgte er hier, sorgfältig und souverän zugleich, strenge Regeln der klassischen Poetik. Alte und bewährte Schläuche füllte der junge Poet mit neuem Wein.

Das Gedicht »Erinnerung an die Marie A.« besteht aus drei Stanzen oder auch Oktaven, jeder der 24 Verse hat zehn oder elf Silben (einzige Ausnahme: Strophe 3, Vers 6) und den fünftaktigen jambischen Rhythmus, in jeder Strophe reimt sich der zweite Vers mit dem vierten und der sechste mit dem achten, wobei alle Reimpaare »männlich« sind.

Aber so klassisch die Form, so mutet doch die erste Strophe romantisch-volksliedhaft an. Der sich sentimental erinnernde Poet schwelgt in Adjektiven, einfachen eher und gefühlsbetonten: Was sich in diesem blauen Mond September unter einem schönen Sommerhimmel abspielte und woran er offenbar nicht ungern denkt, war jung und hold, still und bleich. Doch in den letzten drei Versen der ersten Oktave verzichtet Brecht plötzlich auf die Attribute, vielmehr wiederholt er dreimal ein kurzes, dunkel klingendes Zeitwort: »war«. Der Schluß der Strophe kündigt gleichsam warnend den Inhalt der zweiten an: sie folgt auf die erste wie die Antithese auf die These.

Es sind nicht nur viele Monde inzwischen vergangen, auch die Liebe ist »still hinunter und vorbei«, jene jungen Pflaumenbäume gibt es ebenfalls nicht mehr, der Dichter kann sich an nichts erinnern, nicht einmal an das Gesicht der Ge-

liebten. War es etwa ironisch gemeint, daß er sie in seinem Arm »wie einen holden Traum« gehalten habe?
Der letzte Vers der zweiten Strophe relativiert den düsteren Befund: immerhin kann der Dichter nicht vergessen, daß er dieses Gesicht geküßt hat. Und damit ist wieder auf die nächste und letzte Strophe verwiesen, die, der Hegelschen Dialektik getreu, nach der These und Antithese nun die Synthese bietet.
Auch den Kuß hätte er, gesteht der skeptische Poet, längst vergessen, wenn nicht die Wolke am Himmel gewesen wäre, von der es noch einmal heißt, daß sie sehr weiß war. Aber er hat in seinem Leben unendlich viele Wolken gesehen. Warum also erinnert er sich gerade an diese, die nur Minuten »blühte«? Doch nur deshalb, weil er damals sie, »die stille bleiche Liebe«, in seinem Arm hielt und küßte. Was er in der zweiten Strophe mit betonter Sachlichkeit behauptete – »Ich kann mich nicht erinnern« –, ist hier in der dritten indirekt widerlegt. Während er vorher nüchtern vermutete, daß die Pflaumenbäume wohl inzwischen abgehauen seien, hofft er jetzt, daß sie noch immer blühen. Den ursprünglichen, etwas kokett anmutenden Titel des Gedichts (»Sentimentales Lied No. 1004«) hat Brecht verworfen.
Sollte die Wolke – »sie war sehr weiß und kam von oben her« – in diesem Gedicht die Liebe symbolisieren, ihre Reinheit und zugleich ihre Vergänglichkeit? Dann wäre gar die Liebe, wie einst in einer Operette gesungen wurde, eine Himmelsmacht? »Die weiß ich noch und werd ich immer wissen« – heißt es von jener Wolke. Und das soll wohl bedeuten: So vergänglich die Liebe auch sein mag, sie verschwindet nun doch nicht ganz. Denn es bleibt die Erinnerung und vielleicht auch Dankbarkeit. Im Titel des Gedichts ist ja nicht von einem Pflaumenbaum und eben nicht von jener Wolke die Rede, sondern von einer Frau. Er hat

sie nicht vergessen, sie und das Septembererlebnis werden ihm nie mehr aus dem Sinn kommen. Ihr sind diese Zeilen gewidmet.

DEUTSCHLAND, DU BLONDES, BLEICHES

Deutschland, du Blondes, Bleiches –
Wildwolkiges mit sanfter Stirn!
Was ging vor in deinen lautlosen Himmeln?
Nun bist du das Aasloch Europas.

Geier über dir!
Tiere zerfleischen deinen guten Leib
Dich beschmutzen die Sterbenden mit ihrem Kot
Und ihr Wasser
Näßt deine Felder. Felder!

Wie sanft deine Flüsse einst!
Jetzt vergiftet von lila Anilin!
Mit nackten Zähnen raufen
Die Kinder das Getreide aus vor
Hunger

Aber die Ernte schwimmt in das
Stinkende Wasser!

Deutschland, du Blondes, Bleiches
Nimmerleinsland! Voll von
Seligen! Voll von Gestorbenen!
Nimmermehr, nimmermehr
Schlägt dein Herz, das vermodert
Ist, das du verkauft hast

Eingepökelt in Salz von Chile
Und hast dafür
Fahnen erhandelt!

O Aasland, Kümmernisloch!
Scham würgt die Erinnerung
Und in den Jungen, die du
Nicht verdorben hast
Erwacht Amerika!

Hanspeter Brode
Konservatives Pathos

Brechts Deutschlandgedicht von 1920 ist Antwort und Reaktion auf das, was Historiker die Urkatastrophe der deutschen Geschichte unseres Säkulums genannt haben: den Ausgang des Ersten Weltkrieges, den Absturz von hochbürgerlichem Weltmachtswahn zu grenzenloser nationaler Erniedrigung. Die Fallhöhe von den »lautlosen Himmeln« zu »Aasloch Europas« beschreibt das Schicksal eines Landes, das sich eben noch in unendlichem Kraftgefühl sonnte und nun, territorial reduziert und seiner bisherigen Führungselite beraubt, von gegenbürgerlichen Revolten geschüttelt wird und ohne Perspektive dahintaumelt. Offensichtlich ringt der zweiundzwanzigjährige Dichter mühsam um Orientierung und schreibt von seinem Standpunkt der Trauer um das Dahingeschwundene aus. Er hat sich durchaus noch nicht ganz gelöst von den Identifikationsmustern des wilhelminischen Staates und dem Talmiglanz seines kulturellen Weltüberlegenheitsgefühls.
Der gegenwärtige Zustand ist freilich erschütternd. Die düsteren Bilder vom »Aasloch« und vom »Geier«, vom zerfleischten »Leib« und von »Kot« und »Wasser« der Sterbenden erinnern an barockes Todespathos und greifen noch einmal Verwesungsphantasien und Leichenarrangements des früheren Expressionismus auf. Die Erwähnung der hungernden »Kinder« streift die soziale Frage, aber ganz im Vordergrund stehen Hinweise auf fehlgeleitete Industrialisierung und verbrecherische Kriegsrüstung: Die »Flüsse« sind vergiftet mit »lila Anilin«, und das »Herz« des Landes ist »eingepökelt in Salz von Chile«, womit vermutlich angespielt wird auf Sprengstoffherstellung mittels des Chile-Salpeters. Die vergeblich erhandelten »Fahnen« mögen zusätzlich politischen Wahn und militärisches Scheitern signalisieren.

All dies wird nicht im Sinne entschiedener Anklage vorgetragen, sondern ist von einem eher konservativen Pathos grundiert. In Deutschland gab es ja »lautlose Himmel« und »Selige«, hat ein »Herz« geschlagen, das freilich »verkauft« wurde und jetzt »vermodert«. Kritik an Handelsgebaren und Geldwirtschaft läßt sich heraushören, aber keineswegs im marxistischen Sinne. Brecht scheint vielmehr anzudeuten, daß Deutschland gut daran getan hätte, dasjenige zu pflegen, was Thomas Mann die »machtgeschützte Innerlichkeit« des deutschen Kulturbewußtseins genannt hat, statt sich in großtechnisch betriebene Kriegsabenteuer zu stürzen, welche nun seine »sanfte Stirn« besudelt und es aus seinen »lautlosen Himmeln« hinausgeworfen haben.
Am Schluß des Gedichtes dämmert als mythische Utopie »Amerika« auf, wie sie nachmals in Brechts Werk breit ausgearbeitet wurde. Die neue Welt steht für Dynamik und Vitalität, für Boxkämpfe und »Riesenstädte von jenseits des großen Teiches«, wie Brecht zum Theaterstück »Im Dikkicht der Städte« anmerkte. Dieser Aufbruch zu gänzlich neuen Ufern führt von den abgelebten kulturbürgerlichen Zuständen der Vergangenheit ebenso weg wie von dem Grauen der Materialschlachten und dem Hunger der Nachkriegszeit.
Im ganzen ein Gedicht des Übergangs: Die martialische Deutschland-Begeisterung, der Brecht als Schüler frönte, ist verflogen, aber von den marxistischen Ansichten der zwanziger und dreißiger Jahre findet sich noch keine Spur. Vielleicht machen das ungestüme Kraftgefühl dieser Verse und der Schwebezustand zwischen einem Nicht-Mehr und einem Noch-Nicht den Reiz dieser Zeilen aus.

MEINER MUTTER

Als sie nun aus war, ließ man in Erde sie
Blumen wachsen, Falter gaukeln darüber hin . . .
Sie, die Leichte, drückte die Erde kaum
Wieviel Schmerz brauchte es, bis sie so leicht ward!

Walter Hinck
Kein Raum für Sprachballast

Das Gedicht erinnert an kurze Grabinschriften, wie wir sie aus der Antike kennen. Trauer und Andenken fordern nicht mit Notwendigkeit die epigrammatische Bündigkeit des sprachlichen Ausdrucks. Es gibt auch großartige Beispiele des ausladenden pathetischen Klagens und hymnischen Gedenkens. Und Brecht hat auf den Tod seiner Mutter im Mai 1920 noch ein weiteres Gedicht geschrieben, das unter den sogenannten »Psalmen« zu findende »Lied von meiner Mutter«, eine rhythmisierte Prosa in biblischem Ton, deren Strophen siebenmal ansetzen, das eine Thema in immer neuen Bildern und Gedanken auszufalten.

Es fällt nicht leicht, einem der beiden Gedichte den Vorzug vor dem anderen zu geben. Vom »Psalm« bleiben eindringliche Sätze haften, Sätze, in denen die Kruste von Unempfindlichkeit nur notdürftig die Scham einer Liebe verbirgt, die versagte: »Sie starb zwischen Gesichtern, die ihr zu lang beim Sterben zugeschaut hatten, da waren sie hart geworden.«

Dennoch habe ich mich für den Vierzeiler entschieden. Und mir war beim Wiederlesen dieses Gedichts ein Gespräch mit Elisabeth Borchers gegenwärtig. Unsere Sprache, so sagte die Lyrikerin, überschütte uns mit Wörtern, die zu Hülsen geworden seien; Dichten heiße Ballast abwerfen. Ja, das ist es, was Brecht in diesen vier Versen gelang: Ballast abwerfen.

Man braucht sich nur bewußtzumachen, was alles der Autor in diesen Versen vermeidet, umgeht. Das ganze Arsenal von Motiven und Danksagungen für unvergeßliche Mutterliebe stand zur Verfügung, das ganze sentimentale Vokabular des Schmerzes über den Verlust. Wir sollten die geölten Wendungen unserer Bestattungsunternehmer und die gestanzten

Versatzstücke der Kondolenzsprache im Ohr haben, um das Unverbrauchte dieser lyrischen Sprache voll wahrzunehmen.

Hier wird keiner »sanft entschlafenen« Toten gedacht. In scheinbar roher, jedenfalls unterkühlter Diktion beginnt das Gedicht. Aber in der Wendung »Als sie nun aus war« ziehen sich die Bedeutungen von »als es nun aus war mit ihr« oder »mit ihrem Leben«, »als es aus war mit ihrem Leiden« oder »als sie ausgelitten hatte« zusammen. Als eine Kreatur ist die Mutter gestorben, als eine Kreatur »ließ man in Erde sie«. Und es fällt einem die Schlußstrophe des (ebenfalls zu Anfang der zwanziger Jahre entstandenen) Gedichts »Von der Freundlichkeit der Welt« ein: »Von der Erde voller kaltem Wind / Geht ihr all bedeckt mit Schorf und Grind. / Fast ein jeder hat die Welt geliebt / Wenn man ihm zwei Hände Erde gibt.«

Freundlich begegnen der Toten tatsächlich die Erde und die Natur, und für einen Augenblick scheint das Gedicht – mit den Bildern der Blumen und des gaukelnden Falters – auf Beschwichtigungspoesie zuzusteuern. Doch dann bewegt sich die Sprache wieder gegen den Strich; zur Grabreden-Floskel »Möge ihr die Erde leicht werden!« geht sie in Opposition: »Sie, die Leichte, drückte die Erde kaum.« Freilich kommt in diesem sprachlichen Gegenzug biographische Wirklichkeit zum Vorschein. »Dann starb sie«, heißt es im »Lied von meiner Mutter«, »und man fand einen Kinderleib.«

Der Schlußvers holt die Tote in die Erinnerung an die Lebende zurück, in die Erinnerung an ihr Leiden, ihr Dahingehen, ihr Verschwinden. Dieser Vers steht unter dem starken Außendruck von Worten, die der Sprachvorrat für Gemütsbewegungen bereitstellt; er hält ihm stand. Er wehrt den Ballast ab. Aber das Ausrufungszeichen signalisiert die Betroffenheit.

Man rühmt die Kunst der verdichtenden Kürze in Brechts »Buckower Elegien« aus dem Jahre 1953. Diesen Vierzeiler des Zweiundzwanzigjährigen konnten die Gedichte des späten Brecht nicht mehr übertreffen.

GROSSER DANKCHORAL

1

Lobet die Nacht und die Finsternis, die euch umfangen!
Kommet zuhauf
Schaut in den Himmel hinauf:
Schon ist der Tag euch vergangen.

2

Lobet das Gras und die Tiere, die neben euch leben und sterben!
Sehet, wie ihr
Lebet das Gras und das Tier
Und es muß auch mit euch sterben.

3

Lobet den Baum, der aus Aas aufwächst jauchzend zum Himmel!
Lobet das Aas
Lobet den Baum, der es fraß
Aber auch lobet den Himmel.

4

Lobet von Herzen das schlechte Gedächtnis des Himmels!
Und daß er nicht
Weiß euren Nam' noch Gesicht
Niemand weiß, daß ihr noch da seid.

5

Lobet die Kälte, die Finsternis und das Verderben!
Schauet hinan:
Es kommet nicht auf euch an
Und ihr könnt unbesorgt sterben.

Thomas Anz
Teuflisch gutes Lied

»Luzifers Abendlied« sollte zunächst ein Gedicht heißen, das Brecht später unter dem Titel »Gegen Verführung« als eine Art Resümee an den Schluß seiner ersten Lyriksammlung stellte. In ihr steht auch der »Große Dankchoral«. Beide Gedichte erhellen und ergänzen sich gegenseitig. Das eine Lied ist so teuflisch wie das andere.

»Laßt euch nicht verführen!« – mit dieser Warnung beginnt das eine. Vom Teufel verführen? Zum diesseitigen Sinnengruß, der nach dem Tod den Weg ins himmlische Jenseits verbaut? Nein, im Gegenteil: Laßt euch nicht von religiösen Verheißungen einer besseren Zukunft um euer Leben betrügen, lautet sinngemäß die Botschaft des Gedichts. »Es gibt keine Wiederkehr«, sagt schon der zweite Vers, und ein weiterer: »Das Leben ist am größten«.

Luzifer bedient sich in seinem Lied perfider Mittel. Er benutzt und verdreht zur Verbreitung seiner Botschaft die sprachlichen Wendungen und Ausdrucksformen der frommen Gegner. Im Gewande eines Predigt- und Andachtsbuches, das der religiösen Erbauung und Unterweisung dient, präsentierte der christlich erzogene mit der Lutherbibel aufgewachsene Provokateur aus der Provinzstadt Augsburg 1927 der Öffentlichkeit einen Teil seiner seit Kriegsende entstandenen Lyrik unter dem Titel »Bertolt Brechts Hauspostille«.

In den alten Postillen hatten so beliebte Kirchenlieder wie das von Joachim Neander ihren Platz: *Lobe den Herren, den mächtigen König der Ehren / Meine geliebete Seele, das ist mein Begehren. / Kommet zu Hauf*... Brechts Begehren ist auf Diesseitiges gerichtet. Sein »Dankchoral« übernimmt die Melodie, die Zahl der Strophen (um jeweils einen Vers kürzer gemacht), manche Motive und den Gestus des Lobenden. Doch das Lob gilt nicht dem Herren, über den es im Kirchenlied heißt: »Er ist dein Licht«, sondern der Finsternis und dem Verderben.

Warum diese enthusiastische Bejahung ausgerechnet der Nacht und des Todes? Weil beides, wie die Tiere, der Tag, der Baum, das Gras, das Aas und wir alle, zum lebendigen Kreislauf der Natur gehört. (Nebenbei: Nach Neander ist das Tal benannt, in dem das berühmte Skelett aus vorgeschichtlicher Zeit gefunden wurde.) Zu einem Teil der vitalen Natur wird auch der Himmel; er ist nicht mehr mit religiösen Phantasien besetzter Ort göttlicher Allwissenheit, die jeden einzelnen am Ende zur Rechenschaft zieht. Jene Angst vor dem Tod, die eine Angst vor der Strafe ist, wird damit so hinfällig wie die, die aus der Selbstüberschätzung hervorgeht.

Als Brecht den »Dankchoral« um 1920 schrieb, war er noch kein Marxist, auch wenn seine Kritik religiöser Jenseitsverheißungen der in Heines »Wintermärchen« so nahestand wie der in den Frühschriften von Marx. Als Marxist hat Brecht seine frühe Lyrik später als typisch für die »Dekadenz der bürgerlichen Klasse«, als »Verwirrung der Empfindungen« und Symptom des »Zerfalls« und der »Ziellosigkeit« mißbilligt. Das enthusiastische, auch den Tod mit einschließende Lob genußfreudigen Lebens in den verteufelt guten Liedern der »Hauspostille« hat er jedoch nie ganz hinter sich gelassen. Die Lust am gegenwärtigen Leben blieb stark genug, um später andere, irdische Heilsversprechungen und Zukunftsvertröstungen, deren Verführungskraft mächtig auf ihn wirkte, immer wieder zu unterlaufen.

VON DEN VERFÜHRTEN MÄDCHEN

1

Zu den seichten, braunversumpften Teichen
Wenn ich alt bin, führt mich der Teufel hinab.
Und er zeigt mir die Reste der Wasserleichen
Die ich auf meinem Gewissen hab.

2

Unter sehr getrübten Himmeln schwammen
Lässig und müde sie in die Hölle hinein
Wie ein Geflechte von Algen, alle zusammen
Wollen dort auf meine Kosten sein.

3

Ihre faulen entzündeten Leiber gaben
Einst mir Glut, die ich selber mir angefacht
Die den orangenen Tag mit mir genossen haben
Sie entzogen sich der düsteren Nacht.

4

Satt und bequem, als die schöne Speisung vorüber
Stießen aus Faulheit sie mich in Gewissensqual
Versauten die Erde mir, machten den Himmel mir trüber
Ließen mir einen entzündeten Leib und kein Bacchanal.

Doris Runge
Die Opfer werden zu Tätern, die Verführten zu Verführerinnen

Die Sirenen hatten aufgehört zu singen. Von ihren romantischen Wiederentdeckern beseelt, domestiziert, mundtot gemacht und mit Menschenbeinen versehen, hatten sie ihre Magie eingebüßt. Die Wasser waren still – totenstill. Wer von den romantischen Wasserfrauen die Zeichen der Zeit mißgedeutet und den Abgang verpaßt hatte, nicht rechtzeitig abgetaucht war, und zwar bis zum Grund des Elements, lag bald trieb-tot, ungefährlich, besiegt und blumenbekränzt auf dem Wasser als schöne Leiche.

Erst als Rimbaud in der Wasserleiche die tote Ophelia wiedererkennt und ihr das lang verweigerte Requiem singt, schlagen die Wellen wieder hoch, lösen den Ophelienkult des fin de siècle aus und stimmen noch die nachfolgenden Dichter auf die »Wasserleichenpoesie« ein. Die aquatischen Traumbilder sind Psychogramme. Sie zerfließen, lösen sich auf, formieren sich neu und spiegeln die Sehnsüchte, Ängste und Wünsche ihrer Epoche wider.

Als sich Dichter wie Trakl, Benn oder Brecht über die schöne Leiche beugten, war sie im dionysischen Reich der Formlosigkeit und Auflösung als Ophelia nicht mehr zu identifizieren, hatte sie ihren Namen und ihre Individualität verloren, war nur noch »Aas in Flüssen mit vielem Aas«, wie es in Brechts Gedicht »vom ertrunkenen Mädchen« heißt oder in der gleichfalls von Rimbauds Ophélie-Gedicht inspirierten Ballade »von den verführten Mädchen«, ». . . ein Geflechte von Algen«.

Beide Gedichte nahm Brecht in seiner 1927 erschienenen ersten Gedichtsammlung, der »Hauspostille« auf. Es sind die Gesänge Baals, des Vaganten aus Brechts frühem Bühnenstück, es sind Abgesänge auf verratene Bräute, Selbstmörderinnen, die den Weg des amoralischen Protagonisten säumen: Ein fast versöhnlicher Dreiklang auf das »ertrunkene Mädchen«: vergehen, vergessen, vergeben. Vergeben allerdings wird ihr der Suizid, die Sünde wider das Leben, nur weil Gott sie langsam vergißt – oder weil Gott Baal ist?

Die »verführten Mädchen« indes bleiben verdammt. Warten in der Hölle als stumme Anklage auf ihren Verführer. Kein Vergessen erlöst sie. Kein Vergessen erlöst ihn. »Wenn ich alt bin, führt mich der Teufel hinab. / Und er zeigt mir die Reste der Wasserleichen / Die ich auf meinem Gewissen hab.« Was hier noch als ein Eingeständnis von Schuld klingt, mündet in der letzten Strophe in eine zynische Anklage gegen seine Opfer. »Versauten die Erde mir, machten den Himmel mir trüber / Ließen mir meinen entzündeten Leib und kein Bacchanal.« Ursprünglich ist das Gedicht mit dem Motto versehen: »Zum Dank dafür, daß das Licht sie bescheint, werfen die Dinge Schatten«. Undankbar sind die Gespielinnen. »Satt und bequem, als die schöne Speisung vorüber«, sagt der Bösewicht Baal, »Stießen aus Faulheit sie mich in Gewissensqual«. Untauglich zur Größe aus Einsamkeit wählten sie den bequemsten Weg und gingen ins Wasser, in jenes Element, für das sie geboren und begabt sind. Das ist Verrat am religiösen Diesseitsglauben eines Baal.

Doch kaum sind die Sünderinnen in ihrem angestammten Reich, gewinnen sie, wenn auch als Wasserleichen, etwas von ihrer ursprünglichen sirenischen Macht zurück: sie rächen den Liebesverrat. Worin diese Rache besteht und worauf die »faulen entzündeten Leiber« anspielen, nämlich auf das Schreckensgespenst, das schon in Rimbauds »Venus Anadyomene« auftaucht, wird in einer fünften, von Brecht nicht publizierten Strophe deutlich. »Alle, die auf meine Kosten gestorben / Euch vermach ich zu guter Letzt noch mein Aas ... / Wenn er schon fault, mein Leib, den

ihr mir verdorben / Dann nehmt ihn noch einmal zum höllischen Spaß . . ./«
Noch als »Reste der Wasserleichen« wecken die »verführten Mädchen« makabre Verschmelzungssehnsüchte. Mit seinem sarkastischen Vermächtnis kehrt Brecht die Verhältnisse um. So werden die Opfer zu Tätern, die Verführten zu Verführerinnen, sind die Wasserfrauen, was sie schon immer waren: Verderberinnen.
Seit der Brechtschen Leichenschau ist viel Wasser den Fluß hinunter geflossen, wurden die Wasserbilder neu getuscht, haben die Wasserfrauen wieder einen Namen. In schöner Apotheose erscheint Heiner Müllers Ophelia. Und siehe, sie spricht: »Ich bin Ophelia. Die der Fluß nicht behalten hat . . . Gestern habe ich aufgehört mich zu töten.« Ich gestehe es, diese Ophelia ist mir lieber als ihr Schatten in Bertolt Brechts aufrührenden Moritaten. Aber, um mit Fontanes »Melusine« aus dem Stechlin zu sprechen: »Ich bin freilich Partei«.

VON DER FREUNDLICHKEIT DER WELT

I

Auf die Erde voller kaltem Wind
Kamt ihr alle als nacktes Kind.
Frierend lagt ihr ohne alle Hab
Als ein Weib euch eine Windel gab.

2

Keiner schrie euch, ihr wart nicht begehrt
Und man holte euch nicht im Gefährt.
Hier auf Erden wart ihr unbekannt
Als ein Mann euch einst nahm an der Hand.

3

Und die Welt, die ist euch gar nichts schuld:
Keiner hält euch, wenn ihr gehen wollt.
Vielen, Kinder, wart ihr vielleicht gleich.
Viele aber weinten über euch.

4

Von der Erde voller kaltem Wind
Geht ihr all bedeckt mit Schorf und Grind.
Fast ein jeder hat die Welt geliebt
Wenn man ihm zwei Hände Erde gibt.

Thomas Anz
Der Tod – kein Thema mehr

Im selben Jahr wie Martin Heideggers Hauptwerk »Sein und Zeit« erschien Bertolt Brechts »Hauspostille« (1927), in der dieses Gedicht steht. Die hier in Verse gefaßte »Existenzphilosophie« des jungen, vormarxistischen Dichters (der Text entstand vor 1926) nimmt sich wie eine Grabpredigt aus. In der archaisierenden Sprache der Luther-Bibel und mit Anklängen an die Weihnachtsgeschichte werden allgemeinste Aussagen über die Stationen und Befindlichkeiten menschlicher Existenz gemacht, von der Geburt bis zum Tod.

Anders als es der Titel nahelegt, lassen die feierlichen Worte das Leben in einem eher unfreundlichen Licht erscheinen: hilf- und schutzlos wird man hineingeworfen in eine kalte Welt (erste Strophe), in der man unbedeutend und anonym bleibt (zweite Strophe), die sich dem einzelnen gegenüber gleichgültig zeigt (dritte Strophe) und die man am Ende, gezeichnet von Leiderfahrungen, wieder verläßt.

Dennoch ist die Gedichtüberschrift nicht ironisch gemeint. Im Kontrast zu der Bedeutungsebene des Textes, die durch das Merkmal »unfreundlich« bestimmt ist, spricht der jeweils letzte Vers aller vier Strophen über Gesten mitmenschlicher Zuwendung: von der Mutter, die das Kind in Windeln wickelt, und dem Vater, der es an der Hand führt, bis hin zu den »zwei Händen Erde«, die man dem Toten mit in das Grab gibt. Erst diese Freundlichkeiten machen auch jenen vorletzten Vers verständlich, der an einer Strophenstelle, die sonst den negativen Daseinsbestimmungen vorbehalten ist, dem Gedicht eine überraschend direkte Wendung ins Positive gibt: »Fast ein jeder hat die Welt geliebt«.

Auch das ist, wie ein Blick auf die anderen Gedichte der »Hauspostille« bestätigen kann, keineswegs mit Sarkasmus oder Bitterkeit gesagt. In Brechts Liebe zur Welt, trotz ihrer Unfreundlichkeiten, liegt ein heroisch-trotziges Dennoch, das mit einer Ablehnung religiöser Vertröstungen einhergeht. Der bei Grabreden übliche Verweis auf ein besseres Jenseits fehlt in dem Gedicht, in anderen wird er scharf angegriffen. Den christlichen Verheißungen setzt Brecht eine vitalistische Bejahung des diesseitigen Lebens mitsamt seiner Kälte, Fremdheit und Sterblichkeit entgegen. »Lobet die Kälte, die Finsternis und das Verderben!« heißt es in dem »Großen Dankchoral«.

An der Religionskritik, dem Motiv der Kälte und dem Wert der Freundlichkeit hat Brecht zeitlebens festgehalten. Doch was er später, nachdem er 1926 durch die Schule des Marxismus zu gehen begann, an seiner Jugendphilosophie nicht mehr akzeptieren konnte, zeigt prägnant sein »Gegenlied zu ›Von der Freundlichkeit der Welt‹«, das er 1956 niederschrieb, In dem frühen Gedicht verweisen »frierend« und »ohne alle Hab« noch keineswegs auf die Probleme einer unterprivilegierten Klasse, sondern charakterisieren allgemeinmenschliche Existenzbedingungen, die als solche akzeptiert werden. Das durchgängig unkonkrete Vokabular (ein Kind, ein Weib, ein Mann; Welt, Erde; alle, keiner, viele, jeder, man) zielt auf ein zeitenthobene Gültigkeit der Aussage.

Anders in dem »Gegenlied«: »Soll das heißen, daß wir uns bescheiden / Und ›so ist es und so bleib es‹ sagen sollen?« Ein ganz bestimmter Zustand der Welt ist jetzt angesprochen, und der erscheint nun als veränderbar. Das Gedicht mündet in den Appell, »aufzubegehren« und »die Welt uns endlich häuslich einzurichten!« Kälte ist keine Grundbefindlichkeit der Existenz mehr, sondern ein sozialer Zustand, für den sich Ursachen angeben lassen: von »Leidensstiftern« ist die Rede und, drei Jahre nach dem 17. Juni 1953 mit einem deutlichen Seitenhieb auf die planwirtschaftliche

Praxis in der DDR, von »großen Herrn«, die »geruhn, uns vorzuschreiben / Was da zukommt uns an Leiden und Genüssen«.

Geburt und Tod sind freilich in diesem »Gegenlied« aus Brechts Todesjahr keine Themen mehr. Sie entziehen sich dem sozialrebellischen Veränderungswillen. Das frühe Gedicht mit seiner existentiellen Perspektive wird durch das späte nicht einfach aufgehoben und widerlegt, es behält etwas von der ihm eigenen Wahrheit.

VOM ARMEN B.B.

1
Ich, Bertolt Brecht, bin aus den schwarzen Wäldern.
Meine Mutter trug mich in die Städte hinein
Als ich in ihrem Leibe lag. Und die Kälte der Wälder
Wird in mir bis zu meinem Absterben sein.

2
In der Asphaltstadt bin ich daheim. Von allem Anfang
Versehen mit jedem Sterbsakrament:
Mit Zeitungen. Und Tabak. Und Branntwein.
Mißtrauisch und faul und zufrieden am End.

3
Ich bin zu den Leuten freundlich. Ich setze
Einen steifen Hut auf nach ihrem Brauch.
Ich sage: Es sind ganz besonders riechende Tiere
Und ich sage: Es macht nichts, ich bin es auch.

4
In meine leeren Schaukelstühle vormittags
Setze ich mir mitunter ein paar Frauen
Und ich betrachte sie sorglos und sage ihnen:
In mir habt ihr einen, auf den könnt ihr nicht bauen.

5
Gegen Abend versammle ich um mich Männer
Wir reden uns da mit »Gentlemen« an.
Sie haben ihre Füße auf meinen Tischen
Und sagen: Es wird besser mit uns. Und ich frage nicht:
Wann?

6
Gegen Morgen in der grauen Frühe pissen die Tannen
Und ihr Ungeziefer, die Vögel, fängt an zu schrein.
Um die Stunde trink ich mein Glas in der Stadt aus und
schmeiße
Den Tabakstummel weg und schlafe beunruhigt ein.

7
Wir sind gesessen, ein leichtes Geschlechte
In Häusern, die für unzerstörbare galten
(So haben wir gebaut die langen Gehäuse des Eilands
Manhattan
Und die dünnen Antennen, die das Atlantische Meer
unterhalten).

8
Von diesen Städten wird bleiben: der durch sie
hindurchging, der Wind!
Fröhlich machet das Haus den Esser: er leert es.
Wir wissen, daß wir Vorläufige sind
Und nach uns wird kommen: nichts Nennenswertes.

9
Bei den Erdbeben, die kommen werden, werde ich
hoffentlich
Meine Virginia nicht ausgehen lassen durch Bitterkeit
Ich, Bertolt Brecht, in die Asphaltstädte verschlagen
Aus den schwarzen Wäldern in meiner Mutter in früher
Zeit.

Peter Demetz
Heimweh

Manchmal liegt das Autobiograpische eher zwischen den Zeilen als in ihnen, und wer dieses Gedicht als unmittelbare Lebensbeichte lesen wollte, dem wird energisch nahegelegt, und nicht nur durch die nüchterne Numerierung der Strophen, auf Distanz zu gehen. Abstand! Abstand! und keine Sentimentalitäten, die geneigt wären, sich in unerdachte lyrische Gefühle einzuleben, die der Autor streng zensuriert. Das beginnt schon mit der Form des Vornamens – Bertolt, eine kalkulierte Chiffre, also nicht Eugen Berthold, Bertold oder Bert, wie der Verfasser sonst zeichnet, und mit den Reimen und Assonanzen, in studierter Nonchalance und melodisch wirksam, einmal wie wegradiert und ein andermal, in Strophe sieben, in auffälliger Konzentration.

Ich höre das Gedicht als Ballade mit Gitarrenbegleitung, vorgetragen von diesem B.B. mit seiner ein wenig krähenden Stimme, ähnlich wie das Lebenslied Baals im frühen Stück, mitsamt den Wedekindschen Provokationen, den Adjektiven Rimbauds und den Wäldern Karl Mays: wenn Brecht das ursprüngliche Gedicht, geschrieben im Jahre 1922, nicht für die »Hauspostille« (1927) – so wie der Text hier vorliegt – radikal umgeschrieben hätte, und nicht nur durch die neuere Kombination der radebeulschen Winnetou-Wälder mit dem eleganteren Dickicht der Städte Berlin/Chicago/New York.

Im ursprünglichen Gedicht, das John Willett im Brecht-Archiv transkribierte, sind die Wälder, wie im Leben Baals, zaubrische Orte der Zuflucht und Geborgenheit, und als sich der jüngere B.B. in den Städten findet, vermag er sich noch in die tröstliche Erinnerung zu flüchten, »es müssen die Wälder aber damals in mir geblieben sein«, und selbst »in Papier und Weiber verschlagen«, hat er in sich »eine

schwarze Stille« und »ein Tannengebraus«. Das hat sich im neueren Gedicht geändert: Die Kälte der Wälder ist weder Heimat noch tröstende Erinnerung mehr.
Der Mann der Großstädte empfiehlt uns, seine Kühle und seinen lockeren Egoismus zu bedenken; und aus seiner Geschichte heben sich sein Bericht über den Ablauf eines beispielhaften Tages und einer Nacht (Strophen 4, 5 und 6) und die abrupten Prophezeihungen als selbständige Elemente hervor. Vormittags die Frauen (Plural) in erotisch hingebender Bewegung, welcher er sich entzieht, abends die dubiosen Gentlemen, die aus den Schnapssalons herkommen, und die leichte Unruhe vor seinem betäubten Branntweinschlaf – eine leichte Unruhe nur, denn auch die zukünftigen Katastrophen sind wie Szenen eines epischen Theaterstücks, das den kühlen Zuschauer nicht daran hindern wird, seine Virginia weiterzurauchen (das gekoppelte Motiv der Zigarre und des epischen Theaters stammt wörtlich aus den theoretischen Schriften). Manhattan/Mahagonny ist überall, *cool, man, real cool*, und die postmodere *Relax*-Attitüde einer Lässigkeit ohne Engagement wird mit Genauigkeit antizipiert.
Aber das Ganze hat doch noch einen autobiographischen Haken. Die gründliche Veränderung des Gedichtes verwandelt die ursprüngliche Nostalgie nach den Wildwestwäldern, die jetzt ebenso kalt sind wie die großen Städte, ins Heimweh nach einem anderen Glück. Das war nur im warmen Mutterschoß zu finden, als er »in ihrem Leibe lag«, in der ersten und dann wieder, abschließend, in der letzten Strophe – »in« seiner Mutter »in früher Zeit«.
Merkwürdig, wie wenig man in der Epoche der Psychoanalyse an den »armen« B.B. und seine Mutter Sophie dachte, die seit 1910 zehn Jahre lang an Brustkrebs dahinsiechte, der Familie immer mehr entrückt, und nur, wie eine Augenzeugin berichtet, an lauen Sonntagen »in ihrem Stuhl oft den

ganzen Nachmittag in dem Garten im Hof«. Eine Hausdame übernahm das Regiment im Haus; und daß man B.B. eine Mansarde, oben im zweiten Stock, anwies, förderte seine Freiheit, aber zugleich seine Isolation. Er liebte seine Mutter sehr, wie die frühen Gedichte in der »Münchner-Augsburger Abendzeitung« zeigen, Mutter sein, das heißt: »tausendmal sterben«, und als er seinen »Baal« schreib, war es deutlich, wie sehr er sich von den Brutalitäten des jungen Dichters gegen seine Mutter (in Hanns Johsts Grabbe-Stück, gegen das er anschrieb) abgestoßen fühlte. Als seine Mutter gestorben war, notierte er den Satz, wie eine Freundin bezeugte, »man kann sie mit den Nägeln nicht mehr auskratzen« (1920). Welche Geborgenheiten suchte er dann und wo, bei welchen Frauen, in welchen Städten, in welchen Glaubenssystemen? In diesem Gedicht sagt einer *Mama* und pfeift in einer kalten und finstern Welt ohne Zukunft und Hoffnung, um sich Mut zu machen.

MARIA

Die Nacht ihrer ersten Geburt war
Kalt gewesen. In späteren Jahren aber
Vergaß sie gänzlich
Den Frost in den Kummerbalken und rauchenden Ofen
Und das Würgen der Nachgeburt gegen Morgen zu.

Aber vor allem vergaß sie die bittere Scham
Nicht allein zu sein
Die dem Armen eigen ist.

Hauptsächlich deshalb
Ward es in späteren Jahren zum Fest, bei dem
Alles dabei war.

Das rohe Geschwätz der Hirten verstummte.
Später
wurden aus ihnen Könige in den Geschichten.
Der Wind, der sehr kalt war
Wurde zum Engelsgesang.
Ja, von dem Loch in dem Dach, das den Frost einließ, blieb nur
Der Stern, der hindurch sah.

Alles dies
Kam vom Gesicht ihres Sohnes, der leicht war
Gesang liebte
Arme zu sich lud
Und
die Gewohnheit hatte, unter Königen zu leben
Und einen Stern über sich zu sehen zur Nachtzeit.

Hermann Kurzke
Die Scham der Armen

Ein Mariengedicht von Brecht, dem protestantisch erzogenen künftigen Atheisten und Kommunisten? Natürlich war der Ledermantel- und Schiebermützenträger nicht im gewöhnlichen Sinne fromm. Natürlich hat er in seinem Gedicht die Weihnachtslegende entmythologisiert, die Heiligen Drei Könige in gewöhnliche Hirten zurückverwandelt, das Staunen über den Stern von Bethlehem auf ein Loch im Dach herabgesetzt und den Engelsgesang als notgeborene Verklärung von kalten Winden entzaubert. Aber er betreibt die Legendenkritik nur lässig, mit der linken Hand, ohne sonderlichen Aufwand. Sie ist nicht das, was ihn antreibt. Er will nicht darauf hinaus, daß alles doch ganz gewöhnlich zugegangen sei. Er sucht im Gegenteil nach einer Erklärung dafür, warum sich ausgerechnet diese ordinäre Geburt im Stall zur Legende verzaubert hat. Die Erklärung lautet: »Alles dies / kam vom Gesicht ihres Sohnes.«

Etwas Besonderes war an diesem. »Leicht« war er, ein Mensch wie ein Wunder, in dessen Gegenwart nichts mehr Gewicht hat, alles sich wie von selbst löst, alles rohe Geschwätz verstummt. Kein aufs Nützliche bedachter Vernunftmensch war er, sondern ein Poet, der Gesang liebte. Da er die Gewohnheit hatte, unter Königen zu leben, wurden alle in seiner Gegenwart zu Königen, auch die Armen. »Ja, ich bin ein König!« hatte er dem Pilatus bestätigt, auf dessen Nachfrage hin. Der Stern, den zu sehen er gewöhnt war, war sein Sinnbild für eine ungeheure Hoffnung, gewaltig-weiträumig, wenn auch unbestimmt, die auf eine Rundum-Erlösung von allem Schweren, Bösen und Häßlichen zielte, auf Liebe, Leichtigkeit, Vollkommenheit, auf Befreiung von Unrecht, Leid und Schmerz, auf Friede unter allen Menschen, die guten Willens sind, auf den Tag, »wenn es soweit

sein wird / daß der Mensch dem Menschen ein Helfer ist«, auf ein Zusammenleben wie im Paradies, wonach die Sehnsucht nie verstummen wird, außer unter hoffnungslosen Philistern.
Aber Maria, nicht Jesus ist das Subjekt dieses Gedichts. In ihr geschieht die Verwandlung des Niedrigen, vollzieht sich der Aufstieg vom Ochsenpissengeruch (wie es in einer ersten Fassung hieß) und dem Frost in den Kummerbalken zum Stern der Hoffnung in der Nacht. Der Rebell Brecht preist in Maria die Kraft der Armen, die Welt zu verwandeln. Er war kein Doktrinär. Damals jedenfalls, 1924, als das Gedicht in der Weihnachtsnummer des Berliner Börsen-Couriers zuerst erschien, fand er nichts Verwerfliches darin, wenn sich die bittere Scham der Armen ins christliche Liebesfest traumhaft verzauberte, anstatt zum Motor einer proletarischen Revolution zu werden.
Die Scham der Armen. Vor den Augen der rohen Hirten mußte Maria gebären. Ihr Menschenrecht auf Intimität wurde verletzt. Preisgegeben war sie Ochs und Esel und Krippe und Hirten, die nicht Zubehör eines sentimentalen Idylls, sondern Zeichen der Erniedrigung sind. Daß die Scham sich verwandelt, ist Brechts Weihnachtswunder. Der Augenaufschlag des Sohnes läßt die Angst um sich selbst wesenlos werden. Seit die Armen einen König haben, der sie ihre Würde empfinden läßt, wird aus Scham, die sich verschließt, Gemeinsamkeit, die sich öffnet.
Es weihnachtet bei Brecht wider Willen. Er will cool bleiben, wie es die Neue Sachlichkeit, das Stilideal der Zeit, verlangt. Die große Botschaft darf nicht mit großen Worten kommen. Pathos ist verboten. Daher die halb nüchterne, halb verschämt feierliche Sprechweise, das wegwerfend beiseite Gesprochene, das holprig-verlegene Parlando. Der Tonfall legt Zeugnis davon ab, wie Brecht mit Maria ungläubig staunt über den leichten Poeten Jesus, in dem alles sich

sänftigt und der er selbst gern wäre: einer, der Arme zu sich lädt, unter Königen lebt und einen Stern über sich sieht in der Nacht.

WEIHNACHTSLEGENDE

Am heiligen Christabend heut
Sitzen wir, die armen Leut
In einer kalten Stube drin.
Der Wind geht draußen und geht herin.
Komm lieber Herr Jesus zu uns, sieh an:
Weil wir Dich wahrhaft nötig han.

Wir sitzen heute so herum
Als wie das finstre Heidentum.
Der Schnee fällt kalt auf unser Gebein:
Der Schnee will unbedingt herein.
Komm Schnee zu uns herein, kein Wort:
Du hast im Himmel auch keinen Ort.

Wir brauen einen Branntwein
Dann wird uns leicht und wärmer sein.
Einen heißen Branntwein brauen wir.
Um unsere Hütt tappt ein dick Tier.
Komm, Tier, zu uns herein nur schnell:
Ihr habt heut auch keine warme Stell.

Wir tun ins Feuer die Röck hinein
Dann wird's uns allen wärmer sein!
Dann glüht uns das Gebälke schier.
Erst in der Früh erfrieren wir.
Komm, lieber Wind, sei unser Gast:
Weil Du auch keine Heimat hast.

Barbara Frischmuth
Komm, lieber Wind, sei unser Gast

Wer würde schon bei Bertolt Brecht – ohne mit der Nase darauf gestoßen zu werden – nach Weihnachtsgedichten suchen, erst recht nach so berührenden? Dennoch scheinen in der Sammlung »Gedichte 1913-1926« ganze drei unter »Weihnachtsgedichte« zusammengefaßte Poeme auf.
Der Ton der nebenstehenden »Weihnachtslegende« ist – wie oft bei Brecht – auf raffinierte Weise schlicht, und mit den Reimen verhält es sich nicht anders. Da darf, ja, da muß es dann schon *han* anstatt haben heißen, weil das genau jene Bravheit (eine Mischung aus Biederkeit und Rechtschaffensein) der armen Leute anklingen läßt, die Brecht, natürlich auch um des Reimes willen, mit dieser leicht künstlich wirkenden mittelalterlichen, noch in manchen Dialekten gebräuchlichen Form (deren sich übrigens auch schon Claudius, Bürger und Uhland bei Bedarf bedient hatten) unterstreicht. Natürlich sind die armen Leute – zumindest die armen Leute bei Brecht – überhaupt nicht brav, es soll nur so klingen, als wären sie brav, wie man das von den armen Leuten eben so gewöhnt ist, vor allem in jenen Vor-, Zwischen- und Nachkriegszeiten des 20. Jahrhunderts. In Wirklichkeit sind die armen Leute nur arm, und zwar dermaßen arm, wie man das heutzutage nur mehr in der dritten, vierten und fünften Welt sein kann.
Daß Weihnachten ist, kommt erschwerend hinzu, das Fest der Liebe, wie es an jedem Kaufhaus geschrieben steht, das Fest der Familie, das Fest der Geschenke – das Christfest eben. Die Einladung ergeht allerdings an den *lieben Herrn Jesus* und nicht an das Christkind, denn das bringt den armen Leuten ohnehin nichts. Vom *lieben Hern Jesus* weiß man zumindest, daß er einmal, vor langer Zeit, das Brot vermehrt hat. Aber daran erinnert er sich wohl nicht mehr.

Noch dazu sitzen die armen Leute *heute so herum / Als wie das finstere Heidentum*, eine wundersame Formulierung, die einen das Dumpfe, das sich bereits Verdinglichende dieser Armut zum Tode spüren läßt.
Das einzige an Weihnachten Gemahnende ist die Kälte. Wenn man nichts zu heizen hat, ist es gleichgültig, ob man draußen oder drinnen sitzt. Und wenn die Ritzen schon einmal so tief gehen, daß der Wind vor den Wänden nicht mehr haltmacht, nimmt es nicht wunder, wenn sich auch der Schnee seinen Weg in die frostige Stube bahnt.
Nur ein Angenehmes ist noch vorhanden, nämlich ein wenig Branntwein, dessen Duft allein schon die Herzen einen Spaltbreit öffnet, auch wenn sie sich nicht mehr entsprechend erwärmen werden, wie in dem alten Adventslied vom leise rieselnden Schnee (In den Herzen wird's warm / Still schweigt Kummer und Harm...) Wenigstens dehnen sie sich noch einmal zu einer Art kosmischem Mitleid, das auch den Schnee nicht ausschließt, geschweige denn das dicke tappende Tier (wohl ein Sinnbild aller Kreatur), das sich ähnlich ausgesetzt fühlen mag.
Der Branntwein macht zumindest innen drin ein wenig wohlig, dazu auch noch hellsichtig. Es gibt keine Hoffnung mehr, und wo nichts ist, hat bekanntlich der Kaiser das Recht verloren. Wozu also den Rock noch schonen, wenn das, was er vor der Kälte schützen soll, ohnehin erfriert, verhungert? Da schon lieber eine letzte Verausgabung mit einer letzten Wärme, selbst wenn es die Balken, die sich ein letztes Mal biegen werden, kostet. Viel scheint von ihnen ohnehin nicht mehr da zu sein – so leicht wie es dem Wind fällt, ein flammenfachender Gast zu sein, ein *Heimatloser unter Heimatlosen*, wie auch der Schnee als *Himmelloser unter Himmellosen* zu dieser Allianz der letzten Stunde gehört, einer Allianz, die anderntags bereits verweht sein wird.

SONETT

Was ich von früher her noch kannte, war
Sausen von Wasser oder: von einem Wald
Jenseits des Fensters, doch entschlief ich bald
Und lag abwesend lang in ihrem Haar.

Drum weiß ich nichts von ihr als, ganz von Nacht zerstört
Etwas von ihrem Knie, wenig von ihrem Hals
In schwarzem Haar Geruch von Badesalz
Und was ich vordem über sie gehört.

Man sagt mir, ihr Gesicht vergäß sich schnell
Weil es vielleicht auf etwas Durchsicht hat
Das leer ist wie ein unbeschriebenes Blatt.

Doch sagte man, ihr Antlitz sei nicht hell
Sie selber wisse, daß man sie vergißt
Wenn sie dies läs, sie wüßt nicht, wer es ist.

Harald Hartung
Geruch von Badesalz

Der junge Brecht verglich Frauengesichter gern mit Wolken, die im Himmel verschwinden und vergessen werden – am unvergeßlichsten in seiner »Erinnerung an die Marie A.«: *Doch ihr Gesicht, das weiß ich wirklich nimmer.* Da er unter dem Vergessen litt, gab er gern den Virtuosen des Vergessens. So auch in diesem »Sonett«, das gewiß keins seiner großen Gedichte ist. Es wirkt wie eine Studie, rasch, ja flüchtig hingeworfen, und eine – dann wieder verworfene – Korrektur deutet darauf, daß der Autor es nicht für vollendet gehalten hat.

Merkwürdig unbestimmt ist der Einsatz. Zögernd beginnt diese Stimme zu sprechen, unsicher sucht sie die Umstände zusammen, die zu der verflossenen Liebesnacht gehören. Das tönt wie aus totenähnlichem Schlaf, der nur Traumtrümmer zurückließ. Ein Mann sucht sich zu vergewissern, was es mit der Frau auf sich hat, in deren Haar er so »lang« geschlafen hat. Offenbar nicht lang genug, um wirklich zu vergessen.

Nun möchte er sich der Frau vergewissern, doch reicht es nur zu Einzelheiten, die nicht einmal einen Torso ergeben. Allein das schwarze Haar wirkt stark und vollständig. Stärker noch die einfache und starke Sensation, die es ausströmt. Das Badesalz, das hier wohl zum ersten Mal im deutschen Gedicht seine Sinnlichkeit entfaltet, erhält eine geradezu penetrante Präsenz. *In schwarzem Haar Geruch von Badesalz* – das ist das Konzentrat aller sinnlichen Eindrücke, die von der Frau ausgehen. Fast hilflos ergänzt der Sprechende: *Und was ich vordem über sie gehört.* Das ist alles, was er besitzt. Also nicht eben viel.

Er hat noch sechs Zeilen Frist und prüft nun, was die Fama ihm sagt. *Man sagt mir* – das klingt, als wolle er der Richter

sein, der nach Anhörung entscheidet. Doch dazu langt es nicht. Was er reproduziert, wirkt merkwürdig ambivalent, ja fast mitfühlend. Wer ein Gesicht wirklich leer findet, redet nicht von *Durchsicht*, vom *Antlitz*. Was also ist mit der Frau? Er weiß es nicht. Oder tut doch so.
Also ist nicht die Frau das Problem, sondern der Mann, der sich vom Urteil anderer abhängig gemacht hat und seine Gefühls- als Erinnerungsunsicherheit ausgibt. Aber man meint fast eine kleine Trauer zu spüren – und sei es darüber, daß er zum Gefangenen eines Gerüchts wurde. Andererseits hat er etwas für sie getan. Etwas, womit er in der letzten Zeile herausrückt: er hat über sie geschrieben, und gar ein Sonett. Das Sonett, einst erfunden, um die Geliebte zu verewigen, ist zur Verlustanzeige geworden. Kein Triumph der Kunst, noch weniger des schreibenden Mannes: Er hält sich heraus, er übt sich in Neuer Sachlichkeit.
Ob biographische Daten zum Verständnis von Gedichten beitragen, wird immer fraglich bleiben. So auch hier. Im März 1921 schreibt Brecht in sein Tagebuch: »Es gibt kein anderes Halten als durch das Gesicht.« Und einige Zeilen weiter: »Ein gutes Gesicht ist besser als eine gute Tat.« Er formuliert diese emphatischen Sätze in einer Situation, als er sich über sein Verhältnis zu Marianne Zoff klarzuwerden versucht, die ein Kind von ihm erwartet. Vier Jahre später, im Juli 1925 während eines Besuchs in Baden bei Wien, wo sich Marianne Zoff und die gemeinsame Tochter Hanne zur Kur aufhielten, schreibt er das »Sonett«. Es war für den Zyklus der »Augsburger Sonette« bestimmt, der nicht in Druck ging, und blieb zu Brechts Lebzeiten unveröffentlicht.

ENTDECKUNG AN EINER JUNGEN FRAU

Des Morgens nüchterner Abschied, eine Frau
Kühl zwischen Tür und Angel, kühl besehn.
Da sah ich: eine Strähn in ihrem Haar war grau
Ich konnt mich nicht entschließen mehr zu gehn.

Stumm nahm ich ihre Brust, und als sie fragte
Warum ich Nachtgast nach Verlauf der Nacht
Nicht gehen wolle, denn so war's gedacht
Sah ich sie unumwunden an und sagte:

Ist's nur noch eine Nacht, will ich noch bleiben
Doch nütze deine Zeit; das ist das Schlimme
Daß du so zwischen Tür und Angel stehst.

Und laß uns die Gespräche rascher treiben
Denn wir vergaßen ganz, daß du vergehst.
Und es verschlug Begierde mir die Stimme.

Joseph Anton Kruse
Liebe zwischen Tür und Angel

Natürlich sind wir in der Liebe Egoisten. Und oft genug haben wir erfahren, daß die sogenannte selbstlose Liebe sich irgendwann rächt. Natürlich ist es wunderbar, wenn sexuelle Erfüllung und erotisch-existentielle Anziehung übereinstimmen. Jedoch müssen wir uns oft genug eingestehen, daß Liebesbeziehungen und die sexuellen Kontakte nicht unbedingt identisch sind. In Liebesgedichten aber erwarten wir geordnete Verhältnisse und eine gesittete Reihenfolge, sind demgemäß von diesen Brecht-Zeilen irritiert und merken dann erst, daß sie endlich einmal die Wahrheit erzählen, jedenfalls mehr reale Fäden unserer Begierden und ihrer tieferen Bedeutung bloßlegen, als es konventionell schmachtende, keusche, petrarkistische Verse vermögen. In ihnen wurde viel zu häufig so getan als ob. Das war Brechts Sache gerade nicht.

An seiner landläufig als brachial beschriebenen Erotik kann uns dies Gedicht in der Tat einige Zweifel lehren. Aus üblicher Alltagssexualität *zwischen Tür und Angel* erwächst so etwas wie Interesse, wie zarte Liebe, die freilich nicht sehr haltbar sein muß. Aber die Verse des Sonetts sind die scheue Anerkennung jener stets von Sehnsucht grundierten Vereinigungs- und Glücksgefühle, die den Liebesakt begleiten oder ihm folgen können, wenn er mehr ist als bloße Selbstbefriedigung. Das Gedicht beschreibt Liebe, aber eine solche als Folge des Beischlafs für eine Nacht, von dem ursprünglich keine tiefere Einsicht oder Verpflichtung auszugehen hatte. Nicht die sachlich und rational getroffene Übereinkunft, miteinander Liebe zu machen, hat eine Annäherung gebracht, sondern der Abschied nach nicht gerade unzufriedener Bettgenossenschaft. Das Interesse des Liebhabers wird durch die morgendliche *Entdeckung* an seiner jungen Gefährtin erst endgültig, wenn auch für einen überschaubaren Zeitraum, wachgerufen. Ihre graue Haarsträhne hebt die aufgelesene Person aus der Gleichmacherei der Nacht heraus. Ihre Jugend war gut fürs Bett, das erste Anzeichen für ihr Altern hingegen drückt den Kern der Liebesbegegnung aus: die Zeit vergeht, und wir sind vergänglich. Allein diese Erfahrung weckt Zärtlichkeit und anhängliche Fürsorge.

Doch die Rückkehr zur Frau einer einzigen Nacht für eine weitere Nacht und den Tag dazwischen enthält eine herrische Drohung, spiegelt die barocke Geste *carpe diem*, wie sie auch in anderen Liebesgedichten auftaucht: Wir haben den Augenblick zu *nützen*, da Schönheit und Jugend der Frau vergehen. Die Attribute ihrer Weiblichkeit, ihr Haar, ihre Brust, ihre Rede tragen den Stachel des Todes in sich. Der Mann, sterblich wie sie, nimmt sie sich als die Schwächere, der Zeit Unterworfene, um sich der eigenen Stärke, der ewigen Potenz zu vergewissern. Er nimmt sie aber als seine notwendige Ergänzung: Hand paßt zur Brust, Frage zur Antwort, und weiß, daß es nicht gut ist, unter den Bedingungen der menschlichen Existenz allein zu sein.

Diese Bedingung zu akzeptieren, das Gegenüber wahrzunehmen, bedeutet die Entstehung von Liebe, bedeutet, die eigene Begierde und Lust mit der Geliebten zu teilen, solche Emotionen nicht zwischen Tür und Angel in einem nüchternen Abschied verkommen zu lassen, sondern zu wiederholen als Protest gegen die Vergänglichkeit und gleichzeitig als deren respektvolle Anerkennung. Brecht schließt somit den Kreis seines Sonetts, das so *nüchtern* beginnt, sinnlich, ja hemmungslos: aus der sexuellen Vereinzelung entsteht die erotische Vereinigung, die aus dem Geiste erwächst, aber gerade deshalb die Körper miteinander verschmilzt zu einem Gespräch ohne Worte.

DIE GUTE NACHT

Der Tag, vor dem der große Christ
Zur Welt geboren worden ist
War hart und wüst und ohne Vernunft.
Seine Eltern, ohne Unterkunft
Fürchteten sich vor seiner Geburt
Die gegen Abend erwartet wurd.
Denn seine Geburt fiel in die kalte Zeit.
Aber sie verlief zur Zufriedenheit.
Der Stall, den sie doch noch gefunden hatten
War warm und mit Moos zwischen seinen Latten
Und mit Kreide war auf die Tür gemalt
Daß der Stall bewohnt war und bezahlt.
So wurde es doch noch eine gute Nacht
Auch das Heu war wärmer, als sie gedacht.
Ochs und Esel waren dabei
Damit alles in der Ordnung sei.
Eine Krippe gab einen kleinen Tisch
Und der Hausknecht brachte ihnen heimlich einen Fisch.
(Denn es mußte bei der Geburt des großen Christ
Alles heimlich gehen und mit List.)
Doch der Fisch war ausgezeichnet und reichte durchaus
Und Maria lachte ihren Mann wegen seiner Besorgnis aus
Denn am Abend legte sich sogar der Wind
Und war nicht mehr so kalt, wie die Winde sonst sind.
Aber bei Nacht war er fast wie ein Föhn.
Und der Stall war warm und das Kind war sehr schön.
Und es fehlte schon fast gar nichts mehr
Da kamen auch noch die Dreikönig daher!
Maria und Joseph waren zufrieden sehr.
Sie legten sich sehr zufrieden zum Ruhn
Mehr konnte die Welt für den Christ nicht tun.

Walter Jens
Kleines Glück, großes Elend

Weihnachten: Das ist für den Christen Licht im Dunkel, Glanz inmitten großer Finsternis, der Schimmer im Stall und die Helle vom Himmel herab, während die Erde noch im Dämmern liegt. Die Geburt Jesu geschieht im Zeichen des Lichts.

Hier die düstere Nacht und dort das wegweisende Leuchten – von solchem frommen Gegensatz will Brecht, der 1925 die Weihnachtsgeschichte unbekümmert und frisch nacherzählt, nicht viel wissen. Ihm geht es um eine realere, der Not unwirtlicher Nachkriegs-Zeitläufte angemessene Antithese, um das Wechselspiel von Wärme, die freundlich, menschlich, vernünftig ist, und einer Kälte, wie sie die Obdachlosen auf der Straße erleben.

Die große Kälte in einer Welt, wo im Zeichen des Tanzes um das goldene Kalb Nächstenhaß statt Nächstenliebe regiert – dieses Leitmotiv früher Brechtscher Lyrik bestimmt auch den Hymnus auf die gute Nacht: Es ist kalte Zeit, ein Winter, in dem die Tage sich wie Menschen gebärden, die einander als Wölfe begegnen – *hart, wüst* und *ohne Vernunft.*

Und dagegen dann der kleine warme freundliche Bezirk, in dem der Versemacher Brecht mit hurtiger Geste das vertraute Inventar der Krippenspiele versammelt: »Ochs und Esel waren dabei, damit alles in der Ordnung sei.« Aus der Ehrfurcht gebietenden Legende wird im Nu eine zeitgenössische, im Bayerischen angesiedelte Moritat: Der mit Moos zwischen den Latten ausgestopfte Stall inmitten einer Region, wo es einen Hausknecht gibt und der Föhn sich als wetterbestimmend erweist – er könnte in Schwaben oder Altbayern stehen. Und auch die Menschen nehmen sich wie Zeitgenossen aus: ein Elternpaar *ohne Unterkunft*, das unmittelbar vor der Geburt seines Kindes schließlich doch noch einen Stall findet und ihn sogar bezahlen kann – eine Hütte, die warm ist (das Heu sogar *wärmer als gedacht*) und eine Nacht lang beinahe so etwas wie einen Märchenplatz bietet, mit einer Krippe, die als Tisch dient, mit einem reichlichen Fischgericht, mit einem plötzlichen Einbruch von gelinder Luft, mit dienstbaren Geistern und angenehmen Besuchern.

Jesu Geburt in einem bayerischen Stall bei einfallendem Föhn – ein Wunder in unvernünftiger Zeit, das alle Furcht und Verzagtheit als unbegründet erweist. Statt der Angst bestimmen Zufriedenheit, Wärme und Sich-wohl-sein-Lassen die nächtliche Stunde. Behaglichkeit stellt sich ein, der Stall wird beinahe zur Nobelherberge (»der Fisch war ausgezeichnet«; Maria und Joseph als plebejische Gourmets!), und am Ende ist, nach so viel Mirakeln, sogar ein Hauch von Ausgelassenheit spürbar. Die Kindsmutter lacht den allzu besorgten Kindsvater aus.

Eine Idylle also? Ein bayerisches Krippenbild, anmutig und bäuerlich-traulich? Im Gegenteil. Das kleine Glück im Stall verweist, als Wunder und Ausnahme, nachdrücklicher, als es die dramatischste Grau-in-Grau-Schilderung könnte, auf die harte Kälte da draußen und damit auf einen von Unvernunft bestimmten Äon, zu dem auch jener *große Christ* gehört, der, so Brecht, nur heimlich und unter Aufwand von viel List geboren werden konnte. Jesus von Nazareth, für den die Welt nicht mehr tun konnte, als ihm in der Nacht von Bethlehem ein paar Stunden der Ruhe und des Friedens zu schenken. (Danach: Verfolgung, Verhöhnung, Einsamkeit, elender Tod.)

So betrachtet verweist die Gute Nacht in Brechts Gedicht schon auf die Böse Nacht, die Nacht von Bethlehem auf die Nacht von Golgatha. Das kleine Glück macht großes Elend um so sichtbarer. Unverhofftes (betont durch die Wiederholung der Worte *doch noch*) bleibt freundliche Ausnahme, die

eine schreckliche Regel bestätigt: Wo Krieg die Stunde regiert, ist Zu-Friedenheit nur in der Zeitenthobenheit der Guten Nacht möglich.
Bethlehem als eine Art von Feuerstelle in einer Epoche der Eiszeit: Ganz so weit, wie es auf den ersten Blick scheint, ist Brechts Gedicht am Ende von Lukas denn doch nicht entfernt – zuallerletzt in jenem wunderbaren sechsundzwanzigsten Vers, in dem der Nicht-Christ B.B. jenem jesuanischen Geist Reverenz zollt, der mit dem Kult des »großen Christ« nicht das Geringste, mit dem Hoffnungs-Traum der armen Leute in aller Welt hingegen sehr viel zu tun hat: *Und der Stall war warm und das Kind war sehr schön.*

VON DER WILLFÄHRIGKEIT DER NATUR

Ach, es kommt ja der Krug mit der schäumenden Milch auch
noch zu des Alten zahnlos geiferndem Mund.
Ach, es reibt sich dem flüchtenden Schlächter
Noch am Bein der Liebe heischende Hund.
Ach, dem Mann, der das Kind mißbraucht hinterm Dorfe
Neigen sich Ulmen noch mit schönem und schattigem Laub.
Und es empfiehlt eure blutigen Spuren, ihr Mörder
Unserm Vergessen der blinde, freundliche Staub.
So auch verwischt der Wind die Schreie von sinkenden Booten
Vorbedacht mit dem Säuseln des Blattwerks im Innern des Lands
Und er hebt höflich der Magd vor dem syphilitischen Fremden
Daß er die lustigen Beine sähe, den Zipfel des armen Gewands.
Und es deckt das tiefe, wollüstige Du eines Weibes
Nachts das Geflenn des erschreckten Vierjährigen zu in der Ecke des Raums.
Und in die Hand, die das Kind schlug, drängt sich der Apfel
Schmeichlerisch aus der Ernte des jährlich üppiger wachsenden Baums.
Ach, wie glänzt das klare Auge des Kindes
Wenn der Vater den Kopf des Ochsen zu Boden zwingt, und das Messer aufschnellt!
Und wie wogen die Busen der Weiber, an denen einst Kinder gehangen
Wenn durchs Dorf der kriegerische Marsch der Manöverkapelle gellt.

Ach, unsre Mütter sind käuflich, es werfen sich weg unsre Söhne
Denn nach jedwedigem Eiland späht die Mannschaft des brüchigen Kahnes!
Und ihm ist genug auf der Welt, daß der Sterbende kämpft, doch die Frühe
Noch zu erleben und noch das dritte Krähen des Hahnes.

Hans-Harald Müller
Eine Art Zwischenbilanz

Brechts Gedicht »Von der Willfährigkeit der Natur«, 1926 geschrieben, aber erst 1951 gedruckt, ist kaum beachtet worden. Es paßt nicht in das Bild des harten Brecht, der 1921 in seinem Tagebuch anordnete: »Man darf nicht gegen die Natur jammern.«

Das Gedicht scheint ein massiver Block, er ist jedoch wirkungsvoll gegliedert. Sechs strophenähnliche Einheiten werden durch den Reim gebildet, je zwei Verse umfassen die einzelnen Bilder, noch andere Gliederungen ergeben sich durch die Wiederholungsfiguren der Zeilenanfänge. Die Verse sind dem Hexameter nah, vor dessen Monotonie aber schützen unterschiedliche Silbenzahlen und eigenrhythmische Abweichungen – das Gedicht ist ein kunstvoll ausbalanciertes Gebilde.

Es ist kein Natur-, sondern – wie Schillers Elegien – eher ein Lehrgedicht, freilich eines, das nicht in Begriffen spricht. Zehn einprägsame Bilder bietet der Erzähler auf, um zu verdeutlichen, wie gleichgültig oder gar boshaft die äußere Natur dem Menschen gegenüber ist. Das Ende des Gedichts ist aber ganz allein der menschlichen Natur gewidmet. Sie ist labil und käuflich, und dafür folgt mit dem einzigen »Denn« des Gedichts eine Erklärung: Der nackte Lebenswille läßt den universell bedrohten Menschen wahllos nach jedem Halt greifen. Das auf sich gestellte menschliche Wesen inmitten einer ethisch indifferenten Natur: das ist das Thema vieler früher Brecht-Gedichte. Neu ist hier der vom Meister der Stimmen und Masken um nichts gemilderte Ton der Trauer. Eine Elegie, geschrieben in einer prekären Situation.

Brecht wurde als strenggläubiger Protestant in Augsburg erzogen. In seinem ersten Drama, »Die Bibel«, stellte der fünfzehnjährige Schüler fest, daß die Gesellschaft dem Postulat der *imitatio Christi* nicht gewachsen war. Irgendwann im Ersten Weltkrieg zerbrach Brechts Glaube. Seine Gedichte nach 1916 sind vom Eifer gegen Gott, die Zehn Gebote und den Glauben an ein Jenseits geprägt. Der Mensch ist ein Naturwesen, das, entlastet von den Zumutungen von Religion und Ethik, groß und genußvoll leben und sterben soll – wie »Baal«. Brecht hatte Nietzsche gelesen und schrieb: *Wenn die Irrtümer verbraucht sind /Sitzt als letzter Gesellschafter / Uns das Nichts gegenüber.*

Brecht war kein Nihilist, aber er wollte es sein. Der Atheismus seiner frühen Gedichte ist so forciert wie deren lärmender Immoralismus, das Lob der blinden Natur ist geschrieben gegen das eigene Herz. In der Elegie »Von der Willfährigkeit der Natur«, einer Art Zwischenbilanz des frühen Brecht, blitzt diese Erkenntnis auf. Sie wird bald wieder zugedeckt. Brecht konnte des Sinns in den Dingen und einer gewissen Ordnung der Welt nicht entbehren. Am Ende der zwanziger Jahre wandte er sich einer spezifisch wissenschaftlichen Art des Marxismus zu, die nicht mit dem der KPD zu verwechseln ist. Sie schien der Wirklichkeit selbst, aber keiner geschlossenen Weltanschauung verpflichtet, sie bot eine flexible Moral samt der Herausforderung, den Sinn und die Ordnung der Dinge erst zu schaffen. Viel später erst, im »Guten Menschen von Sezuan« etwa und in all den großen Dramen, bekannte sich Brecht gar verschämt zu einer anthropologischen Güte des Menschen, die erst der Kapitalismus korrumpiert habe.

Das Gedicht »Von der Willfährigkeit der Natur« verweist auf eine unterdrückte Spur in Brechts Werk, die vom Drama »Die Bibel« bis zu den »Buckower Elegien« reicht: die Klage über die mangelhafte moralische Einrichtung der Welt. Brecht war nicht allein ein großer Dichter, sondern, zu allem Überfluß, ein wenig auch ein Moralist. Er wollte es nicht sein.

DER GAST

Sie fragt ihn viel, wiewohl es draußen nachtet
An sieben Jahre gibt er eilends aus
Und hört: im Hofe wird ein Huhn geschlachtet
Und weiß: es ist kein zweites mehr im Haus.

Er wird vom Fleische wenig essen morgen.
Sie sagt: Greif zu; er sagt: Ich bin noch satt.
Wo warst du gestern, vor du kamst? – Geborgen!
Und woher kommst du? – Aus der nächsten Stadt!

Nun steht er eilends auf, die Zeit entflieht!
Er sagt ihr lächelnd: Lebe wohl! – Und du?
Zögernd entfällt ihr seine Hand: sie sieht
Ihr unbekannten Staub auf seinem Schuh.

Wolfgang Rothe
Flüchtige Einkehr

Ein Flüchtlingsgedicht aus dem Exil? Weit gefehlt. Die Strophen stammen aus den späteren zwanziger Jahren und nehmen sich neben dem damals von Brecht neusachlich Gedichteten ziemlich verloren aus. Die drei »Volksliedstrophen« gehören zu den Funden, die sich noch immer unverhofft bei diesem großen Lyriker machen lassen.

Wer ist dieser »er«, und vor allem: wer ist »sie«, bei der er nach siebenjährigem Fortsein einkehrt? Ist sie die Mutter? Die Schwester? Die verlassene Frau, einstige Geliebte? Eine Freundin, Genossin aus früheren, vielleicht schöneren Tagen? Der Dichter sagt es nicht, macht nicht die geringste Andeutung. Ebensowenig erfährt man, um wen es sich bei diesem Mann handelt, welcher Klasse oder welchem Stand er angehört, wes Geistes Kind er ist, noch warum er unterwegs ist und weshalb er kurz vorbeikommt. Man kann in ihm einen Flüchtling, Verfolgten vermuten, doch auch einen Vagabunden à la Baal, also den expressionistischen *homo viator*, ewigen Wanderer über die Landstraßen der Welt – einen Flüchtigen in anderem Sinne als dem gebräuchlichen, politischen.

Alles bleibt offen, der Phantasie des Lesers anheimgestellt. Sogar die Tatsache der Liebe bleibt unausgesprochen. Sind die zwei oder waren sie einst Liebende? Kein Wort über die eine Nacht, die der Besucher unter dem Dach der Frau weilt, sie liegt verhehlt zwischen dem 5. und 6. Vers. Und dennoch kündet das Poem in buchstäblich jeder Zeile von zartester Zuneigung, einer scheuen Rücksichtnahme, die nichts mehr fürchtet, als dem anderen wehezutun oder ihn zu berauben; sie zwingt den Gast zu lauter frommen Lügen. Nichts sonst als Sozialität und Sympathetik stellt der Inhalt des kargen Dutzends Zeilen dar, eine ständige seelische Bewegung, ein pausenloses Hin und Her zwischen den zwei Menschen. Sie ist unendlich mehr als Brechts oft zitierte »Freundlichkeit«.

Man ist versucht, auf die seinerzeit aktuelle »personalistische« Theorie des Menschen als eines fragenden und antwortenden Wesens, einer dialogischen Existenz, eines das Ich erst begründenden Du hinzuweisen. Denn Brechts Gedicht, über dem ein Märchenhauch (sieben Jahre!) liegt, strömt reine Menschlichkeit aus. Aber gerade diese gibt einen bevorzugten Gegenstand des Spottes marxistischer Schriftsteller ab, ihr gilt der ganze Hohn ideologie-kritischer Germanisten, die »bürgerliche« Positionen entlarven wollen, sie steht als »abstrakt«, als dubiose »Innerlichkeit« in Verruf, ist abgestempelt als nur scheinbar unpolitischer »Humanitarismus«.

Vergänglichkeit war das geheime Hauptthema des jungen B.B. Das verbindet diese Verse mit anderen aus seiner Feder. Nirgendwo jedoch ist Brechts frühes Wissen vom Transitorischen, Zeitweiligen, Flüchtigen des »Menschentieres« derart in feinste Wehmut gehüllt wie in diesem Bericht einer kurzen Einkehr. Die Episode offenbart mit liedhaftem Melos die bittere Wahrheit, daß wir für eine kurze Weile »nur Gast auf Erden« sind.

DIE LIEBENDEN

Sieh jene Kraniche in großem Bogen!
Die Wolken, welche ihnen beigegeben
Zogen mit ihnen schon, als sie entflogen
Aus einem Leben in ein andres Leben.
In gleicher Höhe und mit gleicher Eile
Scheinen sie alle beide nur daneben.
Daß so der Kranich mit der Wolke teile
Den schönen Himmel, den sie kurz befliegen
Daß also keines länger hier verweile
Und keines andres sehe als das Wiegen
Des andern in dem Wind, den beide spüren
Die jetzt im Fluge beieinander liegen
So mag der Wind sie in das Nichts entführen
Wenn sie nur nicht vergehen und sich bleiben
So lange kann sie beide nichts berühren
So lange kann man sie von jedem Ort vertreiben
Wo Regen drohen oder Schüsse schallen.
So unter Sonn und Monds wenig verschiedenen Scheiben
Fliegen sie hin, einander ganz verfallen.
Wohin, ihr? – Nirgend hin. – Von wem davon? – Von allen.
Ihr fragt, wie lange sind sie schon beisammen?
Seit kurzem. – Und wann werden sie sich trennen? – Bald.
So scheint die Liebe Liebenden ein Halt.

Peter Wapnewski
Der große, kühne Flug

Gleitende Verse und bindende Reime, Gefühle breitend wie Schwingen: was sich als reines Gedicht vorstellt, ist ursprünglich Teil nicht eines lyrischen, sondern eines dramatischen Zusammenhangs, ist Zentrum der Szene 14 einer »Oper«, sie heißt »Aufstieg und Fall der Stadt Mahagonny« und entstand 1928/29. Kein Gedicht also, sondern ein Lied, ein Duett: Jenny und Paul spielen sich die Verse rollenverteilt zu, und sie tun es inmitten der nackten Häßlichkeit eines Bordells (»Er raucht, sie schminkt sich«). Erst um 1950 hat Brecht den Dialog zu einem monologisch sich gebenden »Gedicht« umgeformt, dabei vorübergehend auch den singularischen Einsatz »Sieh« in den Plural »Seht« verwandelt, was spätere Ausgaben wieder rückgängig gemacht haben, zum Nutzen dieser Verse, denen das didaktische Hinweisen nicht bekommt: *Sieh*, so Jenny zu Paul, sie entwerfen sich ein Gesicht von Glück und Vergänglichkeit der Liebe.
Was sich in der Gesprächsform den Anschein des Gelegentlichen gibt, ja des Lässigen, erweist sich bei genauem Zusehen als strenges Kunstgebilde, das seit Dante und Petrarca in einer stetig erneuerten Tradition bis zu Hofmannsthal und Stefan George steht: Um Terzinen nämlich handelt es sich, also um Gruppen von jeweils drei Versen, deren erster und letzter sich reimend verbinden, getrennt durch einen mittleren – der seinerseits wiederum die umarmende Reimung der nächsten Terzine vorausnimmt. Im Deutschen vertraut sich diese Formation dem Metrum des Blankverses an, also des fünffüßigen Jambus.
Ein Schema wie Marmor, dessen Würde erhaben herausgemeißelt wie eingeebnet wird durch die Kontrastierung mit der schäbigen Bordellbanalität. Übrigens steigert Brecht diese regelrechte Kunstform zu höherer Kunstwirkung

durch bewußte Regeldurchbrechung: durch das gelegentliche Mehr eines Versfußes, durch die abweichende Reimordnung der fünf Schlußverse. Das gibt dem Lied seine ambivalente, seine schwebendflüchtige, seine aufgehobene und haltlose Stimmung. Denn der Halt der Liebe ist Schein; die Liebenden aber leben von ihm: solange Liebe lebt. Zweimal das Verbum »scheinen«, in der sechsten und in der letzten Zeile. Und es sind diese beiden Zeilen die einzigen, die der Dichter in der Dialogfassung ausdrücklich an »Beide« vergibt, auf diese Weise das Scheinwesen, den Illusionszauber der Zweieinigkeit deutlichmachend.
Terzinen von der Vergänglichkeit. Endlichkeit der Liebe im unendlichen Raum: die Kraniche im Wolkenbogen, Teil des Himmels in luftiger Materie, augenblicklich nur und nicht verweilend, in der Harmonie des Flügelschlags jedes das andere spürend wie den sie tragenden Wind. »Im Fluge« liegen sie beieinander, nicht ruhend, flüchtig nur. Ein Gespinst aus Wind und Wolke, ein Bild von Wechsel und Vorüberziehn, gleitende Station des Weges aus dem einen Nichts in ein anderes Nichts. Indessen: wenn *sie* nur nicht vergehen (das Versmaß zwingt zur Betonung des »sie«, als dem Gegensatz zur Vergänglichkeit ihrer Umwelt); das heißt, wenn und solange ihre Liebe bleibt, sind sie Unberührbare, sind geschützt und isoliert. Die letzten Verse mit ihrem traumsicheren Frage- und Antwortspiel wissen freilich schon das Ende: »Seit kurzem« bis »bald«, das ist das Zeitmaß, das Zeitalter der Liebenden. Sie aber ahnen nichts von Raum und Zeit, ihr Kranichflug ist ihr Jetzt und Immer, und ihr Bett ist Wolke und Himmel und Wind.
Verse des Schwebezustands. Auch ihre Syntax teilt ihn mit, die im Mittelteil (den Zeilen sieben bis siebzehn) keinen Boden unter den Füßen hat, nicht den geordneten Halt der Üblichkeit will. Am Ende des Bogens wird ein Halt sein. Ein Halt von anderer Art freilich als jener war, der den Lieben-

den ihre Wahrheit gab, sie auf den großen Flug schickte und sie unverwundbar machte, so daß die Regentropfen der Welt sie so wenig treffen konnten wie ihre Kugeln. Den kühnen Flug aus einem Leben in ein andres Leben: aber was zwischen dem einen und dem anderen war, zeitentrückt und raumvergessen, das war *ihr* Leben.

LIED DER MUTTER ÜBER DEN HELDENTOD DES FEIGLINGS WESSOWTSCHIKOW

Wie also war er?
Wie immer er war
Als er zur Wand ging
Konnte er sterben.
Und er verglich nicht jene mit anderen
Und auch nicht sich mit anderen, sondern
Schickte sich an, bedroht, sich schnell zu verwandeln in
Unbedrohbaren Staub. Und alles
Was noch geschah, vollzog er wie
Abgemachtes, als erfülle er
Einen Vertrag. Und ausgelöscht waren
Ihm im Innern die Wünsche. Jegliche Bewegung
Untersagte er sich streng. Sein Inneres
Schrumpfte ein und verschwand. Wie ein leeres Blatt
Entging er allem
Außer der Beschreibung.

Reinhard Baumgart
Ein leeres Blatt

Das soll ein Lied sein? Bestenfalls die ersten vier Zeilen könnte man sich schlicht gesungen vorstellen, doch nur als Einleitung, Überleitung zu einem Lied. Was aber dann folgt, dunkel, trocken und doch hymnisch, bricht mit aller Lied-Konvention, auch durch seinen kräftig und doch für ein erstes Hinhören kaum deutlich hingemurmelten Inhalt. Da hilft nur ein Rückblick auf die Überschrift, die klarmacht: Ein zum Sterben Verurteilter, ein Untergehender nimmt vor seinem Tod schon seine Auslöschung vorweg. Wer Brechts Leben und Schreiben etwas genauer kennt, wird nun auch eine Datierung wagen: um 1930. In dieser seiner finstersten und entschlossensten Zeit, zwischen »Fatzer«-Fragment, »Die Maßnahme« und »Die heilige Johanna der Schlachthöfe«, muß er gemeint und sicher auch gehofft haben, eine deutsche Revolution stünde wie das reinigende Weltgericht unmittelbar bevor.

Das soll ein Gedicht sein? Auch das darf nach einem ersten Lesen erstaunt und befremdet gefragt werden. Zum »Lied« jedenfalls ist der Text tatsächlich erst durch die Zufügung der ersten vier Zeilen und einer Überschrift befördert worden. In dieser hier abgedruckten Gestalt fand er sich in Eislers Nachlaß unter den Kompositionsvorlagen für »Die Mutter«, und so erschien er zum ersten Mal 1982 in den »Gedichten aus dem Nachlaß«. Doch in einem Brechtschen Notizheft aus dem Jahr 1931 beginnt der emphatische Wortlaut, in brüchiger Bleistiftschrift hingeworfen, erst jäh mit der fünften Zeile, und genauso, auch mit den zufälligen Zeilenbrüchen auf der zu schmalen Notizbuchseite, als düster leuchtendes Fragment also, wurde der Text schon einmal, 1960 in der noch von Elisabeth Hauptmann verantworteten achtbändigen Gedichtausgabe, abgedruckt. Dann aber verschwand der Torso, als wäre seine durch Brechts Handschrift doch beglaubigte Echtheit anzuzweifeln, über zwanzig Jahre stillschweigend aus allen Editionen. Als wäre er weder Lied noch Gedicht, als wäre nichts von ihm geblieben als eben »ein leeres Blatt«.

Das mag für öde philologische Daten halten, wer will. Für mich jedenfalls gehört die Editionsgeschichte dieser Zeilen, ihr Auftauchen, Verschwinden und Wiederauftauchen in restaurierter Fassung, unabtrennbar zu ihnen selbst. Es ist, als hätten die Herausgeber den Sog des Gedichts oder Kaumnoch-Gedichts, diese Verwandlung eines Menschen und der Sprache in Staub, Leere, Schweigen, *nolens volens* nachvollzogen. Auch will es mir nicht gelingen, die Überschrift und das Zeilen-Quartett des Anfangs anders zu lesen als wie etwas ängstlich Dazugeflicktes. Mit dieser vorausgeschickten Ansage versucht Brecht, die klare und doch raunende Mystik seines Untergangs-Gedichts patent ins Epische, Szenische und Dialektische hinüberzuretten. Ein »Feigling«, so begreifen wir nun, wird, an die Wand gestellt, unverhofft noch zum Märtyrer, ja zum »Helden«, indem er sich innerlich abtötet vor seinem Tod.

Der ursprüngliche Entwurf aber erzählt und vollstreckt etwas anderes, Unheimlicheres, wenn auch weniger Konkretes und Praktisches. Da wird nicht nur ein zum Sterben Verurteilter aus seiner Individualität herausgesprochen, sondern mit ihm verwandelt sich auch die Sprache, in der das geschieht, ins Anonyme. Auch sie »vollzieht«, »wie Abgemachtes«, »einen Vertrag«. Um nur ja »unbedrohbar« zu sein, »ausgelöscht«, wunsch-, bewegungs-, leblos, sich entziehend, nichtssagend »wie ein leeres Blatt«. Aber welcher triumphale Umschwung dann in der allerletzten Zeile, so scheinbar dürr, ja bürokratisch er sich auch verkündet: Nicht einmal das Nichts entgeht – »der Beschreibung«.

Fiat ars pereat mundus? In solchen kryptisch nüchternen

Bekenntnissen jedenfalls, in dieser unerwarteten Nähe zu Goethes »Stirb und Werde« oder Hölderlins »Tod des Empedokles« verrät Brecht mehr von sich in der radikalsten Krise seines Lebens und Schreibens als in den dialektisch-materialistischen Denkübungen, in die er sich damals so krampfhaft hineinträumte und die seine beflissenen Ausleger so lange für den Generalschlüssel zum Werk gehalten haben.

O FALLADAH, DIE DU HANGEST!

Ich zog meine Fuhre trotz meiner Schwäche
Ich kam bis zur Frankfurter Allee.
Dort denke ich noch: O je!
Diese Schwäche! Wenn ich mich gehenlasse
Kann's mir passieren, daß ich zusammenbreche.
Zehn Minuten später lagen nur noch meine Knochen auf der Straße.

Kaum war ich da nämlich zusammengebrochen
(Der Kutscher lief zum Telefon)
Da stürzten sich aus den Häusern schon
Hungrige Menschen, um ein Pfund Fleisch zu erben
Rissen mit Messern mir das Fleisch von den Knochen
Und ich lebte überhaupt noch und war gar nicht fertig mit dem Sterben.

Aber die kannte ich doch von früher, die Leute!
Die brachten mir Säcke gegen die Fliegen doch
Schenkten mir altes Brot und ermahnten noch
Meinen Kutscher, sanft mit mir umzugehen.
Einst mir so freundlich und mir so feindlich heute!
Plötzlich waren sie wie ausgewechselt! Ach, was war mit ihnen geschehen?

Da fragte ich mich: Was für eine Kälte
Muß über die Leute gekommen sein!
Wer schlägt da so auf sie ein
Daß sie jetzt so durch und durch erkaltet?
So helfet ihnen doch! Und tut es in Bälde!
Sonst passiert euch etwas, was ihr nicht für möglich haltet!

Hilde Spiel
Aufschrei

Von jeher war und blieb ihm, ob im jugendlichen Überschwang und Weltveränderungsdrang oder in der listigen, lehrhaften Reife, eines bewußt: daß die großen Bilder in der Bibel und den Mythen, jenen »Träumen der Menschheit«, zu finden waren. Dem Grimm-Märchen von der Gänsemagd entnahm Brecht das geschundene Pferd, dessen abgehauenem Kopf die Königstochter ihr Leid klagt und das zu ihr spricht: »Wenn das deine Mutter wüßte, das Herz tät ihr zerspringen.«

Aus dem treuen Falada wurde, wer weiß warum, eine Falladah, und ihr grausames, gleichnishaftes Schicksal zerreißt nun uns das Herz im Leib. So wie Brecht in seinem Lied vom Flug der Kraniche mit den Wolken aus »Mahagonny« eines der schönsten Liebesgedichte deutscher Sprache geschrieben hat, ist seine Ballade vom Pferd Falladah eines der bewegendsten Zeugnisse kreatürlicher Qual.

Man sollte meinen, sie wäre in den letzten Jahren vor der Machtergreifung entstanden, als unter dem Druck des Elends und dem Sog der Verführung die Seelen der Menschen sich wandelten und Mitgefühl nur zu oft in steinerne Gleichgültigkeit überging. Aber sie stammt aus dem Jahr 1919 und rührt offenkundig aus den Nachwehen des Ersten Weltkrieges her, dem Hunger und der Verarmung, wohl auch den Januar- und Februarmorden an Rosa Luxemburg, Liebknecht, Mehring und an Eisner, den man am Münchener Ostfriedhof beerdigte, während »in der ganzen Stadt wie wahnsinnig geschossen« wurde.

»Es war wie ein Schmerz, wie wenn die rohe Gewalt dies alles noch zurückholen wollte, was sie verloren hatte. Unendlich ergreifend«, berichtete Caspar Neher, der mit Brecht im Trauerzug ging. Das war die Zeit des »Baal«, der im Vorjahr beendet worden, mit dem Brecht aber immer weiter befaßt war, die Zeit des »Spartakus«, der ersten Fassung von »Trommeln in der Nacht«, aber auch so formvollendeter Lyrik wie »Vom Klettern in den Bäumen« und dem »Lied von den Seligen«, in dem Mörder und Opfer Hand in Hand in den Himmel einziehen.

Das Falladah-Gedicht ist alles andere als formvollendet. Erst Hanns Eisler, der es 1932 vertonte, gab ihm Rhythmus und Struktur. Diesen frühen Berliner dreißiger Jahren mit ihrem Tucholsky-Ton scheint es eher zu entsprechen als der eruptiven »Baal«-Metaphorik oder manch anderen schön ausgezählten, schlicht poetischen Reimen der gleichen Periode und bald darauf der »Hauspostille«. Hier ist alles Inhalt, Aussage, Aufschrei – so hilflos in dem Versuch, die Pein des Erdenlebens in Worte zu fassen, wie Büchners Woyzeck es ist: »Und ich lebte überhaupt noch und war gar nicht fertig mit dem Sterben.« Oder: »Aber die kannte ich doch von früher, die Leute! / Die brachten mir Säcke gegen die Fliegen doch / Schenkten mir altes Brot und ermahnten noch / Meinen Kutscher, sanft mit mir umzugehen. / Einst mir so freundlich und mir so feindlich heute!«

Erst in dem letzten Vers des Jammers und der Beschwörung nimmt das Gedicht, von der holprigen drittletzten Zeile abgesehen, so knappe wie expressive Gestalt an. Oder scheint es uns nur so in Erinnerung daran, wie Kathe Kühl diesen Vers gesungen hat und einem damit Schauer einjagte, wenn nicht das Blut in den Adern gefrieren ließ? Es war passiert, was man damals nicht für möglich gehalten hatte, aber der einundzwanzigjährige Brecht vorauszuahnen imstande war. Die falschen Helfer kamen. Und mit dieser Kälte im Herzen marschierten in einem neuen Krieg die geschundenen Soldaten Hitlers, Opfer auch sie, Hand in Hand mit Mördern in die eisigen Steppen Rußlands hinein, um dort unterzugehen und den Untergang ihrer falschen Helfer herbeizuführen.

DAS ERSTE SONETT

Als wir zerfielen einst in DU und ICH
Und unsere Betten standen HIER und DORT
Ernannten wir ein unauffällig Wort
Das sollte heißen: ich berühre dich.

Es scheint: solch Redens Freude sei gering
Denn das Berühren selbst ist unersetzlich
Doch wenigstens wurd »sie« so unverletzlich
Und aufgespart wie ein gepfändet Ding.

Blieb zugeeignet und wurd doch entzogen
War nicht zu brauchen und war doch vorhanden
War wohl nicht da, doch wenigstens nicht fort.

Und wenn um uns die fremden Leute standen
Gebrauchten wir geläufig dieses Wort
Und wußten gleich: wir waren uns gewogen.

Eckhard Heftrich
Aufgespart wie ein gepfändet Ding

Am 4. Juni 1941, keine drei Wochen vor Hitlers Überfall auf die Sowjetunion, starb Margarete Steffin, erst 35 Jahre alt, in einer Moskauer Klinik. Hanns Eisler hat die hochbegabte, aus einer echten Proletarier-Familie stammende Autodidaktin die »wertvollste Mitarbeiterin« Brechts genannt. Brecht hatte sich, ehe er sich mit seiner Ehefrau Helene Weigel, den Kindern und einer anderen Mitarbeiterin, Ruth Berlau, am 30. Mai auf die Reise nach Wladiwostok begab, von der Schwerkranken im Hospital verabschiedet. Sie wenigstens war noch voller Hoffnung, bald so weit zu genesen, daß sie in ein paar Wochen ins amerikanische Exil nachfolgen könnte.

Die wenigen Jahre, die Grete für ihre große Liebe zu dem Dichter vergönnt gewesen, waren vom Beginn anno 1932 an nicht nur durch die Tuberkulose überschattet, die sie während des Exils immer wieder zu Aufenthalten in Kliniken und Sanatorien zwang. Auch Brechts Versuch, möglichst lange zu verheimlichen, daß sie nicht nur seine Mitarbeiterin war, machte ihr zu schaffen. Als Helene Weigel die gewiß schon früh geweckte Vermutung bestätigt fand, sagte sie zu der weiteren Rivalin: »Du tust mir leid, mein liebes Kind.«

Das erste der dreizehn an sie gerichteten Sonette kommt dem Versuch gleich, der Heimlichkeit der noch frischen Beziehung wenigstens einen im Verbergen steckenden Reiz zuzuschreiben. Das kleine Wort, Geheimzeichen ihrer Liebe, war ein unauffälliges »Grüß Gott«. Daß der darin liegende Zauber von Schmerz sehr getrübt war, ist, anders als aus Brechts Versen, dem Sonett abzunehmen, mit dem Margarete Steffin auf das Geschenk geantwortet hat. Dessen zweite Strophe lautet: »Das kleine Wort, das damals wir ernannten / Das unauffällig machte das Berühren / (Unwider-

stehlich machte das Verführen) / Durch Monde ist es Hort deiner Verbannten.«
Brecht ist nicht eben dafür bekannt, daß ihm das Gewissen den Umgang mit seinen Geliebten sonderlich beschwerlich gemacht hätte. Aber in diesem Fall konnte ihm nicht entgehen, was die Heimlichkeit, und zusätzlich im Verein mit der durch die Krankheit erzwungenen Trennung, für die Betroffene bedeutet haben muß. Und so bietet er den poetischen Trost der Erinnerung an die Ersatz-Intimität an. Unter fremden Leuten, zu denen für heimlich Liebende gerade auch die Nächsten werden, kann er genießen, was ihr weit schwerer wiegt: »Das Wort ist mir Umarmung, ist mir Kuß, / die ich so lange auf dich warten muß / ich küsse es in jedem deiner Briefe.«
Dies Antwort-Sonett mutet wie ein von sehr weit her kommendes, verfremdetes Echo auf eine andere Klage um Trennung und Verzicht an, der wir eines der schönsten Gedichte des »West-östlichen Divan« verdanken. Wir wissen weder, ob Margarete Steffin es gekannt hat, noch, ob ihr jemand anvertraut haben könnte, daß jenes wundervolle Gedicht nebst anderen Kostbarkeiten des Buches »Suleika« nicht von Goethe stammt, sondern von Marianne von Willemer.
Die Liebes-Passion des 66jährigen Goethe hatte auch die um Jahrzehnte jüngere Frau entflammt, und beide tauschten ihr Geheimnis nicht nur in Chiffren-Briefen aus, sondern auch in Gedichten. In dem Lied vom Westwind bekennt Marianne-Suleika ihrem »Lieben«, Goethe-Hatem, was sie durch die Trennung leide, doch soll er dadurch nicht betrübt werden. Das Gedicht endet mit der dem Wind aufgetragenen Botschaft (der Lehrmeister hat daran ein »nur, doch« in ein »aber« verändert): »Sag ihm aber, sag's bescheiden: seine Liebe sei mein Leben.« Bei Margarete Steffin ging es von Anfang an buchstäblich ums Leben, und so antwortet sie,

für Brecht »aufgespart wie ein gepfändet Ding«, beschwörend: »Was immer mir auch fehlt, ich muß gesunden / So lang mir deine Liebe nicht entzogen.«
Nicht Hatem-Suleika jedoch ruft Brecht in einem späteren, dem »Zwölften Sonett« herbei, sondern Dante-Beatrice. Aber so, daß es ihm gelingt, ausgerechnet hier eines jener Wörter einzubringen, die erst in unseren Tagen enttabuisiert und damit gerade um ihren, nur im Geheimen wirkenden obszönen Zauber gebracht worden sind. Zu Brechts Zeiten hatten sie noch einen unverbrauchten provokatorischen Reiz. Von dem wollte er die noch immer scheue Geliebte schon mit dem dritten Sonett überzeugen. Nachdem uns mit der Provokation auch der Kitzel des Schocks verlorenging, wissen wir desto mehr die zartere Würze des »Ersten Sonetts« zu genießen.

DAS ZEHNTE SONETT

Am liebsten aber nenne ich dich Muck
Weil du mir, wenn du aufmuckst, so gefällst
Wenn du den Klassiker zur Rede stellst
Sei's, daß du Seiten ordnest für den Druck
Sei's, daß er dich schnell anlangt an den Beinen.

Sogleich bestreitest du, daß du mich kennst
Und was wir tun, mit meinem Worte nennst
Wie kann ich Tölpel sowas von dir meinen?

Zornig und fremd sitzt du mir gegenüber
»Was wagt der Mensch, er ist mir unbekannt!«

Und mein Erstaunen ist noch nicht vorüber
Wenn in dir sichtlich eine Freude wächst
Und streng noch schreibst du hin den neuen Text
und plötzlich holst du dir dann meine Hand.

Werner Fuld
Verführung durch Arbeit

Brecht liebte maßlos und vernünftig, meist sogar beides gleichzeitig. In seinem Leben gab es keine Frau, die nicht das Angenehme mit dem Nützlichen für ihn verband oder wenigstens das Unerfreuliche durch ihre Notwendigkeit ausgleichen konnte. Seine Frauen haben ihn zum Klassiker gemacht, die im Leben und die in der Literatur, Polly Peachum und das Küchenmädchen Grusche ebenso wie Helene Weigel oder Margarete Steffin. Nur deshalb funktionierte das Kollektiv Brecht, weil es bei ihm keine Trennung von Erotik und Arbeit geben konnte.

Der ureigene Anteil der Frauen an Brechts Werk sind seine Liebesgedichte; einige der schönsten gehören Margarete Steffin. Sie hatte den Dichter 1932 bei den Proben zu seinem Stück »Die Mutter« kennengelernt. Bald wurde sie seine Geliebte und wichtigste Mitarbeiterin. Sie war vierundzwanzig Jahre alt, stammte aus einer Berliner Arbeiterfamilie, leistete seit ihrer Schulzeit der kommunistischen Partei Deutschlands treue Dienste und glaubte nun in Brecht den großen Erzieher des Proletariats gefunden zu haben. Daß Brecht kein linientreuer Kommunist war, sondern ein Salonproletarier, der sich bei Gelegenheit sorgfältig den Dreck unter die Fingernägel schob, übersah die Liebende.

Brecht schätzte ihre geradlinige Meinung, mit der sie alles, was er schrieb, auf die politische Nützlichkeit hin überprüfte. Das »Zehnte Sonett« hält solch eine Arbeitssituation fest. Margarete Steffin war im April 1933 aus Berlin nach Paris geflohen; einen Monat später besuchte sie dort Brecht und arbeitete mit ihr unter großem Zeitdruck am Text für das Ballett »Die sieben Todsünden«. Sie treffen sich in Steffins engem Hotelzimmer, sitzen einander an einem schmalen Tisch gegenüber.

Auf Fragen und Einwände reagiert der »Klassiker« mit amüsiertem Wohlwollen, so als nähme ein Souverän zur Kenntnis, daß ein Untertan »aufmuckt«. Steffins Ernsthaftigkeit bei der Arbeit übte einen erotischen Reiz auf Brecht aus, dem sie in diesem Augenblick verständnislos begegnete: Die Hand unterm Tisch war plötzlich die eines Fremden. Ihr ging es um die beste Formulierung, nicht um den Mann, den sie dann aber, wenn er als Autor seine Arbeit zu ihrer Zufriedenheit getan hatte, zärtlich zu sich holte.
Es ist ein liebevolles, aber auch ein listiges Gedicht, denn es sollte eine taktische Aufgabe erfüllen. Brecht schickte es aus Skovsbostrand an die in Paris gebliebene Geliebte. Er hatte inzwischen ein Haus gekauft und mußte sie nun überreden, zu ihm zu ziehen. Das Gedicht ist also einerseits die Beschreibung einer Arbeits- und Liebesidylle, aber mit solcher Darstellung zugleich und vor allem eine Einladung. Seine letzte Zeile meint ja nicht nur eine sexuelle Geste, sondern ist auch als fast imperative Aufforderung an die geliebte Mitarbeiterin zu verstehen, ihr weiteres Leben in Brechts Hand zu legen.
Als die schon schwerkranke Steffin dieser Einladung im Dezember 1933 nach Dänemark folgte, bedeutete es die endgültige Aufgabe des eigenen Lebens. Sie lernte Dänisch, später Schwedisch, um für Brecht zu verhandeln, aber seit Ruth Berlau ins Haus kam, war sie kaum noch Geliebte. Auf ihre Krankheit nahm Brecht keine Rücksicht; einen Arzt beschied er schroff: »Jetzt kann sie nicht im Krankenhaus liegen, denn ich brauche sie.« An der russischen Grenze rettet sie, die als einzige die Sprache beherrscht, noch seine Manuskripte, dann bricht sie zusammen. Brecht läßt sie in einem Moskauer Spital zurück; auf dem Weg von Moskau nach Los Angeles erfährt er wenig später von ihrem Tod.

DAS DREIZEHNTE SONETT

Das Wort, das du mir oft schon vorgehalten
Kommt aus dem Florentinischen, allwo
Die Scham des Weibes Fica heißt. Sie schalten
Den großen Dante schon deswegen roh
Weil er das Wort verwandte im Gedichte.
Er wurd beschimpft drum, wie ich heute las
Wie einst der Paris wegen Helenas
(Der aber hatte mehr von der Geschichte!)

Jedoch du siehst jetzt, selbst der düstere Dante
Verwickelte sich in den Streit, der tobt
Um dieses Ding, das man doch sonst nur lobt.
Wir wissen's nicht nur aus dem Machiavelle:
Schon oft, im Leben wie im Buch, entbrannte
Der Streit um die mit Recht berühmte Stelle.

Eckart Klessmann
Das schlimme Wort

Wie das Unsägliche Sagen? *Gib mir statt ›Der Schwanz‹ ein ander Wort o Priapus / Denn ich Deutscher ich bin übel als Dichter geplagt.* So Goethe um 1790. Christiane, seine Geliebte, wußte Rat; sie nannte den Unaussprechlichen »Herrn von Schönfuß«. Und als das dazugehörende Tätigkeitswort genügte ihr die Umschreibung vom »Schlampamps-Stündchen halten«, indes der Geliebte dafür ein Verbum bevorzugte, das seine Herkunft aus der ornithologischen Sphäre nicht verleugnet. Das von Brecht benutzte Wort wird hier in bildungsreicher Anspielung umschrieben in einem Sonett, das der Dichter Anfang 1934 an seine Geliebte Margarete Steffin richtete, die offensichtlich an einem Verbum Anstoß genommen hatte, das Brecht recht unzart zu benutzen pflegte.

In der Tat ist der deutsche Dichter übel geplagt, wenn Sexuelles zur Sprache kommen soll und das Wort sich verweigert. Der Bilderschatz des Pharaonenlandes oder des klassischen Chinas ist ihm versagt. Zwar hält das Vokabular des eigenen Volkes ein ungehöriges Quantum bereit, aber so recht zärtlich will es sich unserem Gehör nicht einschmeicheln, und was uns heute gesellschaftliche Korrektheit an medizinisch geprägten Wörtern empfiehlt, ist lustfeindlicher als der ärgste Jargon und für Mann wie Frau gleichermaßen eher schimpflich.

Schon der große Dante? Das ist ein bißchen geschwindelt, denn *fica* gibt es in diesem Sinn im ganzen Œuvre des Florentiners nicht, man würde es eher in den *Sonetti lussuriosi* des Aretino vermuten, aber der verwendet dort weitaus Gröberes. Vom italienischen Substantiv ein deutsches Verbum der Volkssprache abzuleiten, ist philologisch einigermaßen verwegen und zweifellos augenzwinkernd formuliert. Denn das verpönte schlimme Wort stammt aus dem Mittelhochdeutschen, und kein deutscher Dante fand sich, der ihm die höheren Weihen großer Dichtung gab.

Das *Ding, das man doch sonst nur lobt* – das nenn' ich auf den Schelmen anderthalben setzen: das Ding! Metaphern aus dem Reich von Flora und Pomona sind den Sprachen von Frankreich bis China vertraut und natürlich auch dem Deutschen. Aber Brecht hat sich nun einmal vorgenommen, ein wenig mephistophelisch im Talar des Philologen aufzutreten, und bemüht nächst Paris und Helena darum auch noch jenen Machiavelli, der um 1513 diese Komödie *La mandragola* schrieb: Paul Heyse hat sie übersetzt.

Der eigentliche Anlaß scheint längst vergessen, der Unwille der Geliebten nämlich über ein schlimmes, ihre Ohren und Gefühle kränkendes Wort. Mit pseudogelehrtem Aufwand und fiktiven Nachweisen muß sie sich belehren lassen, es könne etwas nicht anstößig klingen, wenn es durch Weltliteratur erst einmal geadelt sei. Trotz der kunstvollen Form des Sonetts und eines gespielten gravitätischen Einherschreitens hat Brecht nur wenige Gedichte geschrieben, die so leichtfüßig daherkommen und eine so überaus muntere Laune ausstrahlen. Es gehört zum Wesen erotischer Poesie von Rang, daß sie leicht ist und beflügelt vom Humor, daß sie durch ihre verspielte Anmut auch das Gewagteste auszudrücken vermag. Es gibt noch einige andere Sonette Brechts aus diesem Umkreis, die »das Wort« mit unbekümmerter Dreistigkeit auch als schnöden Reim einsetzen – so auf das Verbum »schicken« –, aber keines dieser Sonette nimmt es auf mit dem dreizehnten und letzten an Margarete Steffin gerichteten.

Es wurde geschrieben am Ende von Brechts erstem Exiljahr, und wir erinnern uns, daß in der Antike die Tragödie und die derb-erotische Komödie stets als Geschwister auftraten.

DER PFLAUMENBAUM

Im Hofe steht ein Pflaumenbaum
Der ist klein, man glaubt es kaum.
Er hat ein Gitter drum
So tritt ihn keiner um.

Der Kleine kann nicht größer wer'n.
Ja größer wer'n, das möcht er gern.
's ist keine Red davon
Er hat zu wenig Sonn.

Den Pflaumenbaum glaubt man ihm kaum
Weil er nie eine Pflaume hat
Doch er ist ein Pflaumenbaum
Man kennt es an dem Blatt.

Wolfgang Brenneisen
Ein benachteiligter Baum

Dieses »Kinderlied« aus dem Jahre 1934 ist in Skovsbostrand bei Svendborg an der dänischen Küste entstanden, was in unseren Ohren so märchenhaft und idyllisch klingt wie »hinter den sieben Bergen«. So hinter dem Mond mag sich der Städter Brecht in der Tat gefühlt haben, aber andererseits war die deutsche Grenze nicht weit weg, Brecht lebte im Exil, und die Stimme des »Anstreichers« wurde immer schriller und lauter. War es da nicht etwas frivol und geradezu deplaziert, ausgerechnet ein Kinder- und Naturgedicht zu schreiben?

In den »Svendborger Gedichten«, in die »Der Pflaumenbaum« aufgenommen wurde, gibt es durchaus auch andere Texte, mit denen Brecht direkt, scharf und entschieden auf die Zeitereignisse reagierte. Und zum anderen: Er war ja auch Familienvater, Kinder waren im Haus und forderten ihr Recht, wollten nicht nur belehrt werden, sondern verlangten überdies »Vergnügungstheater«. Vielleicht hieß es einmal: Vater, komm, erzähl – nein, nicht vom Krieg, nicht von der Dialektik, nicht von der ruhmreichen Sowjetunion, nein, erzähl uns vom – Pflaumenbaum!

So setzte sich Vater Brecht an den Schreibtisch, zündete sich eine seiner billigen Zigarren an und dichtete das Kinderlied »Der Pflaumenbaum«. Wie gut ihm das gelungen ist, merkt man, wenn man es laut vorliest. Beim stillen Lesen hat man ja den Eindruck, der Dichter habe sich mit einer gewissen Wurstigkeit an seine Aufgabe gemacht, nach der Devise: Bei den Kleinen braucht man es nicht so genau zu nehmen. Doch beim Aufsagen schnurren die Verse so munter wie ein Spielkreisel, so akkurat wie ein Abzählvers: »So tritt ihn keiner um« – und du bist dran.

Doch konnte der Dichter B. B. nicht wider seine Natur, zu

kulinarisch durfte die Sache nicht sein, und so streut er in der ersten Zeile der dritten Strophe Sand ins Getriebe: Sie liest sich so schwer wie ein Zungenbrecher. Ein akustischer Verfremdungseffekt, die stolpernde Zunge weckt den dösenden Verstand, und dieser erkennt den Sonderstatus der dritten Zeile mit ihren im Vergleich zu den entsprechenden Zeilen in den ersten beiden Strophen ungewöhnlichen vier Hebungen. Hier wird die Botschaft, die tröstliche, verkündet: ein Pflaumenbaum, trotz allem!
Es wäre für Brecht doch ein leichtes gewesen, sein Bauernhaus zu verlassen und sich in Skovsbostrand einen Pflaumenbaum zu suchen, um diesen zu bewispern. Was aber tut er? Er imaginiert einen solchen, im Qualm seiner Zigarre! Ein verkümmertes Bäumchen in einem armseligen städtischen Hinterhof – bei dieser urbanen Szenerie wurde ihm sicher warm ums Herz. Das ist keine Naturschilderung, sondern ein kleines Theaterstück, mit minimalistischer Handlung zugegebenermaßen. Das Hauptrequisit, der Protagonist ein Underdog, für den das reine Überleben eine Leistung ist, zugleich ein Repräsentant für eine ganze Klasse Unterprivilegierter. Dazu Stimmen aus dem Off, der kommentierende Chor sozusagen. Daraus hätte auch Samuel Beckett etwas machen können.
Gehört so etwas, wenn nicht in das Lesebuch für die Oberstufe, so doch ins Erbauungsbuch für Konfirmanden? Bei Brecht gilt es, auf der Hut zu sein. Der tapfere kleine Baum hat »ein Gitter drum«, ein Schutzgitter also. Oder ist das etwa, da sich der Geschützte nicht bewegen kann – Schutzhaft? Und glaubt man nicht, in den munteren Kinderstimmen auch Überheblichkeit, Schadenfreude und Häme zu hören?
So haben wir hier, wie so oft bei Brecht, dieses merkwürdige Zwielicht, diese Uneindeutigkeit, die nicht vom Unvermögen des Dichters herrührt, sondern von der Ungewißheit

des Lebens, das ja manche insgesamt als Exil verstehen und das für andere tatsächlich eines ist.

FRAGEN

Schreib mir, was du anhast! Ist es warm?
Schreib mir, wie du liegst! Liegst du auch weich?
Schreib mir, wie du aussiehst! Ist's noch gleich?
Schreib mir, was dir fehlt! Ist es mein Arm?

Schreib mir, wie's dir geht! Verschont man dich?
Schreibt mir, was sie treiben! Reicht dein Mut?
Schreib mir, was du tust! Ist es auch gut?
Schreib mir, woran denkst du? Bin es ich?

Freilich hab ich dir nur meine Fragen!
Und die Antwort hör ich, wie sie fällt!
Wenn du müd bist, kann ich dir nichts tragen.

Hungerst du, hab ich dir nichts zum Essen.
Und so bin ich grad wie aus der Welt
Nicht mehr da, als hätt ich dich vergessen.

Peter Rühmkorf
Gedanken eines Liebenden

Nehmen wir einmal an, daß uns der Autor unseres Gedichtes so unbekannt wäre wie die nicht näher bezeichnete Adressatin, ließe sich das Sonett auch ohne Kenntnis seiner Begleitumstände unschwer als poetische Eilpost identifizieren. Schreib mir, schreib mir, schreib mir, so die ostinat wiederholten Zeilenanfänge der beiden Quartette, was natürlich mächtig aufs Tempo drückt und dem fünfhebigen Trochäus unüberhörbar den Herzschlag vorgibt.

Dabei scheinen die sprunghaften Fragen eines ungeduldigen Liebhabers eigentlich recht allgemein. Allgemein, wie die Liebe so fragt, der noch die unscheinbarsten Kleinigkeiten wichtig sind, allem voran allerdings, ob die Geliebte den Fragensteller auch gehörig vermisse und entsprechend nett an ihn denke. Trotzdem wartet das Gedicht bei näherer Betrachtung noch mit einigen Fraglichkeiten auf, die nicht jedermanns Sache sind. Sie sind in unserm Fall auch besonders bedenkliche und des Nachfragens würdige. Während es den aus Deutschland verjagten Dichter für eine Zeitlang nach London verschlagen hat – wir schreiben die Monate Oktober bis Dezember des Jahres 34 –, weilt seine Freundin und Arbeitsgefährtin Margarete Steffin in der fernen Sowjetunion, wo sie sich in einem Sanatorium die Heilung von ihrem Lungenleiden erhofft. Eine gewisse Laxheit im Hinblick auf seine wechselnden Liebesbeziehungen, die man dem Dichter gern nachsagt, scheint mir durch die Fülle der hin und her eilenden Briefschaften nebst dem Austausch erotischer Widmungsgedichte freilich doch bemerkenswert relativiert. Besonders das Sonett mit dem schlichten Titel »Fragen« offenbart eine Innigkeit der gemütlichen Zuwendung, die nicht gerade alltäglich ist und der sich kaum eine mitfühlsame Seele verschließen kann. Kurz, es scheint mir fast schon zum Heulen schön, und um nicht gänzlich in Rührseligkeit zu ersaufen, füge ich schnell eine weniger verfängliche Frage an, eine poetische Gretchenfrage sozusagen. Sie lautet: Was unterscheidet einen Liebesbrief eigentlich von einem Liebesgedicht, und was nehmen wir einerseits eher mit einem gewissen biografischen Interesse zur Kenntnis, was uns im Medium des Gedichtes in ganz anderer Tiefe zu Herzen geht?

Da die Gelegenheit es so gefügt hat, können wir ausnahmsweise sogar einmal die Probe aufs Exempel machen. Aus einem sichtlich in einiger Eile hingefegten Fragebrief Brechts vom 12. Oktober 1934: »Schreib mir über deinen Zustand. Nimmst du ab?« – »Hast du warm? Ist der Mantel gut? Die Schuhe?« – »Hast du von Moskau was gehört? Schreib mir doch von der Stimmung dort noch was.« Das klingt nun in der Tat bereits bekannt bis vertraut. Es ist nur eben so, daß der Brief dem Gedicht bereits um anderthalb Monate vorausgeeilt ist und das Poem sich zu seiner Sammlung und Verfassung noch einige Zeit genommen hat.

Der kleine Unterschied? »Die Form! Die Form!«, naja schön, aber der Baustoff, um nicht zu sagen Wortlaut lag immerhin schon auf Abruf bereit, und selbst der Telegrammstil läßt formale Ähnlichkeiten erkennen. Es geht noch ein bißchen weiter. Eine stilistisch nicht gerade überanstrengte Zeile wie »Schreib mir über deinen Zustand. Nimmst du ab?« gibt bereits das Metrum der »Fragen« vor und bewirkt jenen eigentümlichen Dringlichkeitston, der in unserem Gedicht die Musik macht.

Allerletzten Endes hebt das Sonett mit seinen beiden Terzetten aber doch noch in gänzlich andere Sphären ab. Unsicherheitsbereiche, in denen der Fragesteller sich höchstpersönlich fragwürdig wird und das Versschema so kunstvoll wie ungezwungen zu männlichen und weiblichen Kreuzreimen überwechselt. »Freilich weiß ich dir nur meine Fragen«, ja, so ist es, eine tragische Selbsterkenntnis, denn wo die Poesie konkret nicht wirklich nützen, nähren, tragen helfen kann, verweht mit ihren hohen Ansprüchen auch ihre Hoffnung auf Zuspruch entsagungsvoll im Ungefähren.

FRAGEN EINES LESENDEN ARBEITERS

Wer baute das siebentorige Theben?
In den Büchern stehen die Namen von Königen.
Haben die Könige die Felsbrocken herbeigeschleppt?
Und das mehrmals zerstörte Babylon –
Wer baute es so viele Male auf? In welchen Häusern
Des goldstrahlenden Lima wohnten die Bauleute?
Wohin gingen an dem Abend, wo die Chinesische Mauer fertig war
Die Maurer? Das große Rom
Ist voll von Triumphbögen. Wer errichtete sie? Über wen
Triumphierten die Cäsaren? Hatte das vielbesungene Byzanz
Nur Paläste für seine Bewohner? Selbst in dem sagenhaften Atlantis
Brüllten in der Nacht, wo das Meer es verschlang
Die Ersaufenden nach ihren Sklaven.

Der junge Alexander eroberte Indien.
Er allein?
Cäsar schlug die Gallier.
Hatte er nicht wenigstens einen Koch bei sich?
Philipp von Spanien weinte, als seine Flotte
Untergegangen war. Weinte sonst niemand?
Friedrich der Zweite siegte im Siebenjährigen Krieg. Wer
Siegte außer ihm?
Jede Seite ein Sieg.
Wer kochte den Siegesschmaus?

Alle zehn Jahre ein großer Mann.
Wer bezahlte die Spesen?

So viele Berichte.
So viele Fragen.

Jürgen Theobaldy
Die Tradition ist umkämpft

Geschichtsbücher sind lange Zeit, ehe sie von Fachbüchern abgelöst wurden, bevorzugte Lektüre sich bildender Arbeiter gewesen. Wie das Gedicht hier öffnen sie den Blick auf Räume und Zeiträume, sie entwickeln eine perspektivische Schau der Epochen und reizen zum Widerspruch, wenn die offene oder uneingestandene Wertung der Ereignisse dem aktuellen Erkenntnisinteresse nicht mehr genügt. Denn was mit der Entscheidung des Historikers für seine Art der Darstellung in den toten Winkel rückt, vermißt der Leser, der im Zugriff auf das Vergangene die Gegenwart zu sichten sucht. Die schlichte Frage: Was bleibt? enthält ihren Zündstoff. Und wo die Geschichte nur von den Siegern geschrieben wird, schwindet aus der Welt, was von den Unterlegenen zu erfahren, wenn nicht zu lernen gewesen wäre.

Nun gibt es aber Unterlegene immer auch im Lager der Sieger. Die Geschichtsbücher, die der »Arbeiter« liest, scheinen den Anteil der Namenlosen an den Taten der Großen als gering einzustufen. Hier setzen die »Fragen« an. Ingrimmig und nicht ohne Witz schreitet die erste und längste Strophe fort von der Fron des Häuserbaus über Grenzbefestigungen, Triumphbögen und Paläste zum sagenhaften Untergang eines sagenhaften Reichs, bei dem die sozialen Abhängigkeiten bis zuletzt auf groteske Weise bestehenblieben. Als mache die Herrschaft über andere blind vor der nahenden Katastrophe, weil die eigenen Privilegien immer noch näher sind. Nicht nur die Berichte des *Club of Rome* drohen dies im Weltmaßstab zu bestätigen.

Mit einem scharfen Schnitt wendet sich die zweite Strophe dem Kriegsruhm zu. Die mythenbeladene Sieben spannt den Bogen vom alten Theben nach Potsdam, Andeutung eines Zahlenspiels, das der Zahlenmagie wohl nichts hinzufü-

gen will. Danach werden die Verse lapidar und ziehen Schlußstriche; die beiden letzten fassen die Problematik der Geschichtsschreibung auf das knappste zusammen.
Aber ist das Gedicht nur eines über deren Probleme? Brecht hat es 1935 im Exil geschrieben und vier Jahre später den »Chroniken« in den »Svenborger Gedichten« vorangestellt, einer Sammlung, die alle Facetten seiner politischen Lyrik zeigt, vom Kinderlied über das Agitationsgedicht bis zum Lobgesang auf einen damals schon von Stalin zugerichteten Kommunismus.
Die »Fragen« indes halten die Mitte zwischen Agitprop und aufgesetztem Lehr- oder Ermutigungsgedicht. In den sechziger Jahren hörte ich sie aus Megaphonen auf Oster- und Friedensmärschen, wo sie die Gewißheit stiften sollten, daß sich da eine künftige Mehrheit zusammenfinde. Seit mit dem Ende des Kommunismus in Osteuropa auch hier die Schlakken der Ideologie abgefallen sind, lassen sich die Fragen nicht mehr mit Antworten verwechseln; mehr noch als nach diesen verlangt das Gedicht nach weiteren Fragen. Erstaunlicherweise, da doch ein »Arbeiter« liest, spricht es von keinen Revolutionen. Weil Usurpatoren selbst die siegreichen an sich rissen und dann ihr eigenes Geschichtsbild in Auftrag gaben? Die russische Revolution war für Brecht schon damals mehr als Zeitgeschichte, wie Chroniken über die »Große Metro« in Moskau und Lenin ehrende »Teppichweber von Kujan-Bulak« belegen. Wer bezahlte ihre »Spesen«?
Das Gedicht enthält sich jeder Auskunft. »Fragen« ist sein erstes und sein letztes Wort. Dazwischen stehen die Vorbehalte und Einwände eines Dichters, der auf seinem Grabstein, wenn überhaupt, für seine Vorschläge geehrt sein wollte. Aber Vorschläge von Dichtern werden nie angenommen. Sie sind auch nie schon deshalb richtig, weil sie von Dichtern stammen. Daß jedoch Geschichtsschreiber heute Brechts Fragen stellen, ehrt sie und ihn.

ÜBER DAS LEHREN OHNE SCHÜLER

Lehren ohne Schüler
Schreiben ohne Ruhm
Ist schwer.

Es ist schön, am Morgen wegzugehen
Mit den frisch beschriebenen Blättern
Zu dem wartenden Drucker, über den summenden Markt
Wo sie Fleisch verkaufen und Handwerkszeug:
Du verkaufst Sätze.

Der Fahrer ist schnell gefahren
Er hat nicht gefrühstückt
Jede Kurve war ein Risiko
Er tritt eilig in die Tür:
Der, den er abholen wollte
Ist schon aufgebrochen.

Dort spricht der, dem niemand zuhört:
Er spricht zu laut
Er wiederholt sich
Er sagt Falsches
Er wird nicht verbessert.

Günter Kunert
Von der Widerstandskraft der Unvernunft

Ein autobiograpisches Gedicht – was wohl sonst? Obschon keineswegs von schwarzen Wäldern und den Zigarren die Rede ist; obschon das bekennerische Ich in die dritte Person versetzt und damit »verfremdet« wird. Immerhin: Das Echtheitssiegel für das selbstkritische und merkwürdig hilflose Geständnis bildet die dritte Strophe, die sich auf das verpaßte Treffen mit dem Chauffeur bezieht, weil sie für das Verständnis des Ganzen völlig überflüssig ist: Sie dient nur der Faktentreue des erinnerten Augenblickes. Abgesehen davon hebt das Gedicht (nach häufig geübter Brechtscher Manier) sinnspruchartig an, freilich mit einer unstimmigen psychologischen Prämisse, verbunden mit einem logischen Denkfehler. Denn Lehren ohne Schüler ist nicht nur schwer, wie deklariert, es ist sogar absolut unmöglich. Und Schreiben im Zustand des Ruhmes, des Berühmtseins, erweist sich für den Berühmten eher schwieriger als vordem, da ihm nun die Erwartung seiner Leser, seiner Kritiker, seines Verlegers bewußt ist – ganz zu schweigen von dem inneren Zwang, nicht hinter die den Ruhm voraussetzende literarische Leistung zurückfallen zu dürfen.

In manchen von Brechts Gedichten der mittleren und späteren Periode begegnet man ähnlichen auf den ersten Blick frappierenden Formeln, die sich beim zweiten Hinsehen in Luft auflösen. Vermutlich entsteht solch Apodiktum wie das obige aus einer Intention, die zu Lebzeiten des Dichters in Deutschland zur Selbstverständlichkeit entartet war: nämlich sich als *Praeceptor Germaniae* zu verstehen. Das »Theater als moralische Anstalt«, die Poesie als Mittel der Menschenbildung und Humanisierung, mit einem Wort: Literatur als Instrument der Aufklärung und Erziehung spielt bei Brecht, zwar marxistisch eingefärbt und dementsprechend zweckgerichtet, die altbekannte und überlieferte Rolle.

Nicht allein in den ausdrücklich als solche bezeichneten »Lehrstücken«, auch in einer Vielzahl der Gedichte wird der »Lehrauftrag« vollzogen. Wollte man unter diesem Aspekt Brechts Werk durchforschen, man würde wohl über die nahezu obsessiv betriebene Didaktik staunen.

In diesem Gedicht nun, im Exil geschrieben, kehrt sich unvermittelt und entgegen dem Titel das Verhältnis um: Hier spricht nicht länger der sich und seiner »großen Sache« gewisse Lehrer, sondern ein unerwartet vom Selbstzweifel befallener Autor, dessen Rolle fast schülerhaft zu nennen ist: Er sagt Falsches und wird nicht verbessert. Trotz der Kargheit nüchterner Sprache wird Hilflosigkeit spürbar.

Wir kennen Brechts Arbeitsmethode, die unter anderem darin bestand, Vertrauenspersonen seine Texte lesen und korrigieren zu lassen. Hier aber ist nun offenkundig niemand, der den verbessernden Ratschlag geben könnte, und man weiß nicht, ob das an der Abwesenheit von »Schreibhelfern« liegt oder ob sich der verbesserungssüchtige Dichter nicht in einer Lage befindet, in der guter Rat unbezahlbar, gar unkäuflich ist. Und: Geht es da eigentlich nur um die Verbesserung des Falschen? Ginge es nicht eher darum, das Richtige zu sagen?

Doch gibt es das überhaupt in Hinblick auf Lyrik? Unterscheiden wir etwa zwischen richtigen und falschen Gedichten? Oder nicht vielmehr zwischen guten und schlechten? Und wir besitzen weitaus gewissere Überzeugungen von den Kriterien, nach denen wir urteilen, als davon, was denn ein »gutes« Gedicht sei. Freilich: Die Kriterien sind relativ: Sie unterliegen den Zeitströmungen, dem geschichtlichen Wandel. Dergestalt erscheinen uns heute die aufrufartigen Gedichte Brechts überanstrengt, ja, mißlungen, da die Synthese zwischen dem poetischen Impuls und der politischen

Absicht mehr einer Zwangsvereinigung gleicht; das politische Moment, historisch widerlegt, liegt wie Mehltau auf solchen Arbeiten.
War es nicht dennoch richtig, damals das Falsche, nämlich das Versimpelnde zu sagen? Und wäre nicht, durch Verbesserung, die angestrebte Wirkung gemindert worden? Der Notruf nach Verbesserung bezeugt, daß die Aufgabe des ästhetischen Primats, wie berechtigt auch immer, ein Stück Selbstaufgabe bedeutet, eine psychische Amputation, derzufolge »die Idee« mehr und mehr zur Krücke wird. Nur: Zu verbessern bleibt dann nur noch die Prothese.

AN DEN SCHWANKENDEN

Du sagst:
Es steht schlecht um unsere Sache.
Die Finsternis nimmt zu. Die Kräfte nehmen ab.
Jetzt, nachdem wir so viele Jahre gearbeitet haben
Sind wir in schwierigerer Lage als am Anfang.

Der Feind aber steht stärker da denn jemals.
Seine Kräfte scheinen gewachsen. Er hat ein unbesiegliches Aussehen angenommen.
Wir haben Fehler gemacht, es ist nicht zu leugnen.
Unsere Zahl schwindet hin.
Unsere Parolen sind in Unordnung. Einen Teil unserer Wörter
Hat der Feind verdreht bis zur Unkenntlichkeit.

Was ist jetzt falsch von dem, was wir gesagt haben
Einiges oder alles?
Auf wen rechnen wir noch? Sind wir Übriggebliebene, herausgeschleudert
Aus dem lebendigen Fluß? Werden wir zurückbleiben
Keinen mehr verstehend und von keinem verstanden?

Müssen wir Glück haben?

So fragst du. Erwarte
Keine andere Antwort als die deine!

Jost Hermand
Eine neue Lesart

Als ich selbst aufhörte, Gedichte zu schreiben (so um die 21 herum), habe ich von Gedichten nicht mehr viel gehalten. Ein solches Abrücken von der Welt der Rhythmen und Reime schien mir damals eine »gereiftere« Haltung zu verbürgen. War nicht angesichts der Dringlichkeit bestimmter politischer und gesellschaftlicher Probleme ein in Verse gebrachtes »holdes Ungefähr« von vornherein etwas höchst Unwichtiges, ja geradezu Sentimentales? Doch schon kurze Zeit später erkannte ich, daß diese Aversion gegen Gereimtes nur daher rührte, weil man mich auf der Schule und Universität vornehmlich mit ominöser Lyrik, aber nicht mit wirklichen Gedichten trätiert hatte. Und diesen neuen Maßstab setzten – wie für manche meiner Freunde – um 1955 die »Hundert Gedichte« Brechts.

Diese Gedichte – spruchhafte balladeske, parabelhafte – enthielten Verse, die man ernst nehmen konnte, die zur Sache sprachen. (Daß sie auch andere Reize – sinnliche, ästhetische, metaphorische – aufwiesen, sollte ich erst später entdecken.) Es waren daher nicht die frühen Gedichte Brechts, die mich zuerst anzogen, sondern eher die mittleren und späten, die mit den »kärglich reinen Worten«, den »sorgsam gewählten Gesten« und den »reimlosen, unregelmäßigen Rhythmen« – also Gedichte, die in meiner Jugend gar nicht als »Gedichte« gegolten hätten. Sie forderten nicht einfach zum Einfühlen, zum emotionalen Mitschwimmen oder zumindest Angemutetsein auf (wie ich damals dachte); sie mußte man sehr sorgfältig – fast buchstabierend – lesen.

Eins dieser Gedichte, das mich zu jener Zeit (und auch später noch) besonders beeindruckte, war das Exil-Gedicht »An den Schwankenden« aus der Mitte der dreißiger Jahre. Damals (gegen Ende der Fünfziger) las ich dieses Gedicht

selbstverständlich noch historisch, das heißt nicht auf meine Erfahrung bezogen, sondern als etwas im guten Sinne Objektiviertes, aus der Zeit der Nazi-Barbarei Stammendes. Damals sah ich darin ein moralisch motiviertes Memento, nämlich auch in Zeiten des allgemeinen Rückgangs bei der »dritten Sache« auszuharren und sich nicht einfach vom dreckig-braunen »Fluß der Dinge« mitreißen zu lassen. Damals hatte also das Ganze für mich noch den Charakter des Vorbildlichen, wenn auch höchst Abstrakt-Vorbildlichen. Damals erschien mir dieses Gedicht wie eine Hommage an jenen großen Einzelnen, jenen Lehrer, Dichter oder gar Sehenden, der selbst in Zeiten der »Großen Unordnung« stets die richtige, von seinem eigenen untrüglichen Gewissen diktierte Antwort weiß.
Heute dagegen – im Lichte unserer/meiner Erfahrungen der letzten fünfzehn Jahre – liest sich dieses Gedicht natürlich anders. Heute verstehe ich die Schlußzeilen »Erwarte / Keine andere Antwort als die deine!« plötzlich genau umgekehrt. Heute nämlich frage ich mich immer weniger, was denn »meine« Antwort auf bestimmte politische Fragen, sondern was die »richtige«, weil kollektive Antwort auf solche Fragen wäre. Heute sagt mir die Erfahrung, daß es nur Fragen wie die nach dem »Glück« oder dem »lebendigen Fluß« einer Bewegung, also falsch gestellte Fragen sind, die sich noch subjektiv (oder religiös) beantworten lassen. Heute weiß ich, daß es in Zeiten der allgemeinen Orientierungslosigkeit vor allem, wenn nicht ausschließlich auf jene Antworten ankommt, die bis zu den Grundwidersprüchen unseres Zeitalters herabreichen. Heute glaube ich, Brecht besser verstanden zu haben.

MORGENS UND ABENDS ZU LESEN

Der, den ich liebe
Hat mir gesagt
Daß er mich braucht.

Darum
Gebe ich auf mich acht
Sehe auf meinen Weg und
Fürchte von jedem Regentropfen
Daß er mich erschlagen könnte.

Klara Obermüller
Das Kostbare

Es sind jetzt fünfzehn Jahre her, da schickte mir »der, den ich liebe«, eine Postkarte. Darauf, mit der Maschine geschrieben, die acht Zeilen von Bertolt Brecht: »Morgens und abends zu lesen«. Seither ist mir dieses Gedicht lieb – nicht nur, weil es mir gleichsam noch einmal zugeeignet wurde, sondern auch, weil es so ganz anders ist als alles, was die Weltliteratur sonst an Liebeslyrik zu bieten hat. Bei Brecht fehlt so gut wie alles, was ein klassisches abendländisches Liebesgedicht ausmacht. Da leuchtet kein Mond, da erwacht kein Frühling; da fällt kein Wort von Seligkeit, Sehnsucht und Schmerz. Da ist nur diese seltsame Dringlichkeit einer Bitte, ja fast schon eines Befehls, die nüchterne Sprache einer medizinischen Verordnung, die schlichte Feststellung: *Der, den ich liebe / Hat mir gesagt / Daß er mich braucht.* Damit ist zum Thema »Liebe« alles gesagt, was zu sagen ist.

Als Bertolt Brecht »Morgens und abends zu lesen« 1937 für Ruth Berlau schrieb, befand er sich mit seiner Familie seit vier Jahren im dänischen Exil. Es war die Zeit, da das Schreiben über Bäume problematisch geworden war und die Leute nicht an den Milchmann dachten, wenn es morgens um fünf an der Tür läutete. Es war die Zeit, da man nicht auseinandergehen konnte, ohne fürchten zu müssen, daß man sich nie mehr wiedersah. In dieser Zeit war nicht nur die Liebe bedroht, sondern auch das Leben selbst. Vielleicht ist es in solchen Zeiten wichtiger zu wissen, daß man gebraucht als daß man geliebt wird.

Doch eigentlich ist in diesem Gedicht gar nicht von der Liebe die Rede, sondern von den Folgen, die sie hat. Seit die Frau weiß, daß er sie braucht, ist sie eine andere geworden. Das Wissen wertet sie auf. Und sie sorgt sich weniger um den Geliebten als vielmehr um sich selbst. Sie gibt auf sich acht, sie fürchtet um sich als um ein kostbares Gut, dem ein Nichts, ein Regentropfen schon, Schaden zufügen könnte. Aus der Liebe ist Selbstliebe geworden – ganz so, wie schon das alttestamentliche Gebot der Nächstenliebe es formuliert: »Liebe deinen Nächsten wie dich selbst.«

Bertolt Brecht, der ja nicht unbedingt ein Ausbund an Selbstlosigkeit gewesen sein soll, scheint gewußt zu haben, daß das eine das andere bedingt. Er gibt dieses Wissen der Frau mit auf den Weg: »Morgens und abends zu lesen«. Grammatikalisch ist sie es zwar, die spricht; doch geschrieben hat das Gedicht ein Mann, geschrieben hat es Brecht. Er ist es, der will, daß sie auf sich achtgibt, weil er sie braucht. Der Gedanke war früher schon einmal da. In einem Brief an seine erste Frau, Marianne Zoff, aus dem Jahr 1922 heißt es: »Jetzt küsse ich Dich und ich bitte Dich, gib acht auf Dich, denn Du mußt achtgeben auf das Meine. Nicht?«

Es ist wohl nicht ganz zufällig, daß in der Sammlung der »Gedichte 1933-1938« dem Liebesgedicht ein anderes vorausgeht, das mit den Worten beginnt: *Wenn ich mit deinem Wagen fahre / Muß ich da nicht besonders achtgeben? / Wisse: du / Fährst mit meinem Wagen.* Auffällig ist die gleiche Verschränkung von mein und dein, und es steht der gleiche Gedanke dahinter: daß ich achtgeben muß auf etwas, was mir nicht gehört. In der Liebe, so scheint Brecht sagen zu wollen, gehöre ich nicht mehr mir selber. Deshalb habe ich für mich Sorge zu tragen wie für ein Lehen, das mir übertragen ist.

Ein possessives Denken, könnte man meinen. Und Brecht war ja bekannt dafür, daß er Menschen, Frauen vor allem, brauchte und für sich arbeiten ließ. Doch ich denke, man täte ihm und dem kleinen Gedicht unrecht, wenn man es bei dieser Interpretation bewenden lassen wollte. Denn was der Schreiber des Gedichts sagt, ist dieses: Wisse, du bist das

Kostbarste, was ich habe. Darum fürchte ich von jedem Regentropfen, daß er dich erschlagen könnte. Brecht sagt es anders herum. Doch die Frau, die das Gedicht morgens und abends liest, weiß, wie's gemeint ist, und ist dadurch sich selbst kostbar geworden.

ZUFLUCHTSSTÄTTE

Ein Ruder liegt auf dem Dach. Ein mittlerer Wind
Wird das Stroh nicht wegtragen.
Im Hof für die Schaukel der Kinder sind
Pfähle eingeschlagen.
Die Post kommt zweimal hin
Wo die Briefe willkommen wären.
Den Sund herunter kommen die Fähren.
Das Haus hat vier Türen, daraus zu fliehn.

Walter Hinck
Atemholen auf der Flucht

Während des dänischen Exils auf der Insel Fünen bewohnte Brecht zwischen 1933 und 1939 ein Haus in Skovbostrand bei Svendborg. In wenigen Sätzen werden die Grundverhältnisse der Zufluchtsstätte umrissen. Das Ruder auf dem Strohdach kennzeichnet von vornherein das Domizil als eine nur bedingt sichere Wohnstätte – ein stärkerer Wind oder gar ein Sturm könnte das Dach wegreißen. So wissen wir von Anfang an: Der Bewohner hält sich die Gefährdetheit des Daseins in diesem Haus bewußt. Dennoch richtet er sich nach den Bedürfnissen der Familie ein, davon zeugen die Pfähle der Kinderschaukel. Mit der Fürsorge für die Kinder wird dem Zukunftsoptimismus ein kleiner Spielraum gewährt. Die Reflexion allerdings – »Wo die Briefe willkommen wären« – deutet auf einen Anflug von Resignation und die Isolation des Emigranten. Immerhin, diese Isolation ist keine Gefangenschaft, Ortswechsel sind möglich; diese Gewißheit verschafft der Anblick der Fähren.

Selbst die Vorläufigkeit der Zuflucht erlaubt das Atemholen (und dem Dichter Brecht, wie wir wissen, Zeit zur Arbeit an bedeutenden literarischen Werken). Lebensmut und Lebensfreude keimen auf. Das spiegelt sich im Mut zur Schönheit der lyrischen Form. In einem anderen Gedicht der dänischen Exilzeit, »Schlechte Zeit für Lyrik«, versagt sich Brecht, vom »Entsetzen« über die Reden Hitlers zum Schreibtisch gedrängt, den lyrischen Schmuck: »In meinem Lied ein Reim / Käme mir fast vor wie Übermut.« In den Versen über die Zufluchtsstätte binden Reime die Zeilen in lockerer Weise: der Kreuzreim im ersten, der umarmende Reim im zweiten Teil des Achtzeilers. Allerdings hindern leichte rhythmische Sperren, das Zusammentreffen zweier

Hebungen in »wegtragen« und »sind Pfähle«, den Leser daran, sich in eine Idylle einzuwiegen.
Denn welche Freiheit ist es, die erhalten blieb? Die Schlußzeile stellt es ernüchternd klar: die scheinbare Freiheit des Gejagten. »Das Haus hat vier Türen, daraus zu fliehn.« Türen sind dazu da, daß man eintreten und hinausgehen, Gäste empfangen kann. Fluchtgänge baut sich das Tier, das immer auf tödliche Bedrohung gefaßt sein muß. Wo ein Wohnhaus zur Flucht eingerichtet ist, ist auch der Bewohner, der Mensch einem humanen Dasein entfremdet. Dieses Haus ist eine Zufluchtsstätte ohne Geborgenheit, eine Durchgangsstätte des Flüchtlings.
In buchstäblicherem Sinne, als Brecht bei der Niederschrift des Gedichts ahnen konnte, verwiesen die »vier Türen« auf vier weitere Fluchtwege des Exilierten. Im Frühjahr 1939, als ein Krieg immer wahrscheinlicher wurde, siedelte er nach Schweden über, ein Jahr später nach Finnland. Daß er wiederum ein Jahr darauf über Moskau und Wladiwostok nach Amerika, nach Kalifornien, auswich, daß er also den politischen Hoffnungen, die er in die Sowjetunion setzte, selbst nicht traute, zählt zu den Widersprüchen in der Haltung dieses Dichters.
Im Gedicht »An die Nachgeborenen« hat Brecht das Verhängnis der Exilierten, den Zwang zur ständigen Wanderschaft, in einem einzigen Satz auf den Punkt gebracht: »öfter als die Schuhe die Länder wechselnd«. Brechts Verse über sein Haus im dänischen Exil greifen weder zum anklägerischen noch zum pathetischen Ton. Sie entwickeln die Situation des Flüchtlings allein aus der konkreten Beschreibung seines Übergangsdomizils. Ich kenne kein Gedicht, das von der Vorläufigkeit der Zufluchtsstätten in unserem Jahrhundert in so lapidarer und bildhaft lyrischer Form spräche wie dieses.

DER KIRSCHDIEB

An einem frühen Morgen, lange vor Hahnenschrei,
Wurde ich geweckt durch ein Pfeifen und ging zum Fenster.
Auf meinem Kirschbaum – Dämmerung füllte den Garten –
Saß ein junger Mann mit geflickter Hose
Und pflückte lustig meine Kirschen. Mich sehend
Nickte er mir zu, mit beiden Händen
Holte er die Kirschen von den Zweigen in seine Taschen.
Noch eine ganze Zeitlang, als ich wieder in meiner Bettstatt lag
Hörte ich ihn sein lustiges kleines Lied pfeifen.

Werner Ross
Mit jedermann gut Kirschen essen

Als ich das kleine Gedicht zum ersten Mal las, hielt ich es für ein Lehrstück, eine Parabel zu Nutz und Frommen der Genossen. Macht euch frei – hätte die Botschaft gelautet – von dem »mein« vor den Gütern der Welt. Nicht Kirschenpflükken ist Diebstahl, sondern Eigentum. Halte dem Kirschendieb, der den vorgeblich dir gehörenden Baum plündert, die andere Wange hin.

Der Genosse mit der geflickten Hose könnte seinerseits schon dem neuen Zeitalter jenseits von Mein und Dein angehören, so selbstverständlich nimmt er seinen Besitzanspruch wahr. Seine Geste ist entwaffnend: augenzwinkernd versteht er sich mit dem Besitzer über Teilhaberschaft am gemeinsamen Produktionsbetrieb. »Wollen Sie nicht auch ein paar von unseren Kirschen?« könnte er fragen.

Wenn dies der Sinn, die Lektion wäre, so würde eines stören: das Ich. Wohl oder übel, dieser Prediger des sanften Kirschverzichts oder des vergnügten Kirschenraubs hieße Brecht, empfähle sich der geneigten Gemeinde als Mustermarxist. Das Beispiel für vorbildliches Verhalten angesichts von Gartenplünderern würde Maß nehmen an ihm, dem Bahnbrecher der Kirschen-Umverteilung, dem Pionier einer neuen Gartenmoral. Derlei ist aber bei dem listigen, betont untugendhaften Brecht nicht zu erwarten, und erst recht nicht, daß das Ich allgemein für einen Prediger der neuen Heilslehre stünde.

Ist das Ich aber Brecht, Bürger und Baumbesitzer, wie anzunehmen, dann muß die Frage lauten: Warum ärgert er sich nicht? Da fällt erstens eine nächtliche Schlafstörung vor. Wie früh es ist, wird in den wenigen Versen dreimal mitgeteilt. Zweitens: dieser Bursche in den Kirschbaumzweigen nippt und nascht nicht nur, sondern füllt sich die Taschen.

Drittens: er nickt dem aufgestörten Schläfer, dem verschlafenen Fensterstehер auch noch zu, statt wenigstens stillschweigend und ertappt zu verschwinden Er setzt ein Einvernehmen voraus, das keineswegs in der Lektüre einschlägiger Brecht-Werke wurzelt. Verblüffenderweise werden die Reaktionen des gestörten Schläfers im Gedicht ausgespart, kein Wort davon. Hat er zurückgenickt? Hat er sich stillschweigend abgefunden? Der nächste Vers zeigt ihn wieder in seiner, diesmal unumstritten *seiner* Bettstatt, während der Bursche draußen weiterpfeift und weiterpflückt. Lustig pflückt und lustig pfeift. Wir kommen zur Hauptsache. Die Ausdauer des jungen Mannes im Pfeifen ist ebenso groß wie die im Pflücken. Er pfeift sein Lied wie einst in einer anderen Parabel Johann der muntere Seifensieder, der erst zu pfeifen aufhörte, als er einen Schatz hüten mußte. Der Dieb, der dem Besitzer zunickt, provoziert ihn nicht, warte nur, bald bist du an der Reihe, sondern erinnert ihn an goldene Zeiten, als die Welt voller Kirschbäume und der Himmel voller Geigen war. Vor allem Eigentum gab es einmal den Naturzustand, so Rousseau, oder das Paradies, so die Bibel, viel Unterschied ist zwischen beiden nicht.

Heute können nur noch die geflügelten Kirschdiebe, die Amseln, die von Brecht geliebten, beides: das Stehlen und das Pfeifen, in aller Unschuld und Unverschämtheit. Ein solcher Typ ist der junge Mann im Baum; ihm ist nicht nur alles zuzutrauen, sondern alles zu verzeihen. Kein Proletarier, der dem Vitaminmangel durch Zufuhr von frischen Früchten abhilft, sondern ein Hans-im-Glück oder Taugenichts, ein Gottes-Schelm, ein Elf oder Engel. Der bringt ins Morgengrauen (vor dem tröstenden Trompetensignal des Hahnenschreis), in die dumpfen Träume und Ängste des Schläfers in seiner Bettstatt seine Fröhlichkeit, seine Zuversicht, sein Zutrauen, daß die Welt schon morgens um vier in Ordnung ist.

Ist man an diesem Punkt angelangt, so wird der wahre Charakter des Gedichts deutlich. Es ist ein Märchen, zwischen Schlaf und Wachen.

DIE KRÜCKEN

Sieben Jahre wollt kein Schritt mir glücken.
Als ich zu dem großen Arzte kam
Fragte er: Wozu die Krücken?
Und ich sagte: Ich bin lahm.

Sagte er: Das ist kein Wunder.
Sei so freundlich, zu probieren!
Was dich lähmt, ist dieser Plunder.
Geh, fall, kriech auf allen vieren!

Lachend wie ein Ungeheuer
Nahm er mir die schönen Krücken
Brach sie durch auf meinem Rücken
Warf sie lachend in das Feuer.

Nun, ich bin kuriert: ich gehe.
Mich kurierte ein Gelächter.
Nur zuweilen, wenn ich Hölzer sehe
Gehe ich für Stunden etwas schlechter.

Rainer Kirsch
Gehortete Energie

Findet ein Dichter eine neue Kombination poetischer Mittel, kann er sie leicht zur Manier verschleißen; ist er ein Kopf, wird er damit wirtschaften wie mit Kostbarem. Den regelmäßigen Trochäus braucht Brecht erstmals in *Die Legende von der Entstehung des Buches Taoteking auf dem Weg des Laotse in die Emigration* (7. Mai 1938), dann in *Die Krücken* (Dezember 1938), später noch einmal in *Einst.* Alle drei Gedichte reden schlicht, wie für intelligente Kinder, und bieten zitierbare Lebensweisheit; *Legende* und *Krücken* spielen zudem mit der wechselnden Zahl der Versfüße. Matthias Claudius hatte den Trick ins Deutsche geholt, als er für sein »Abendlied« das Strophenschema von »Innsbruck, ich muß dich lassen« um einen Jambus erweiterte – mit viel Gewinn an Innigkeit, bei wenig Verlust an Welt. Innigkeit war Brecht, seit er der Klassik anhing, jederzeit recht, Weltverlust nie; wettstreitet er mit dem Kollegen?

Wo aber *Legende* wie *Abendlied* als Weg-Gedichte Zitierbares in Fülle ausstreuen, läuft unser Text ungemächlich stracks auf ein Ziel zu: auf die Quintessenz der beiden Schlußverse. Quintessenzen geraten oft allgemein; je wirksamer sie sind, desto mehr Kraft ziehen sie aus dem Umfeld – sie müssen wohlvorbereitet werden.

Zwei fünffüßige Verse setzen das Grundmetrum: Der erste Vers (*»Sieben Jahre ...«*) beschreibt langjähriges Mißgeschick, der zweite läßt Abhilfe in rettender Stunde ahnen. Das klingt dramatisch, haben wir eine verkappte Ballade vor uns? Sicher, weiter geht es ja aufgeregt vierhebig. Da Verse 1 und 3 weiblich, 2 und 4 männlich enden, wird die Strophe jedesmal um eine Silbe kürzer: sie bildet einen Energie stauenden Trichter.

Nichts freilich schadet Weltweisheit mehr als Übereile, von

den zurückgehaltenen Verssilben wird eine für den Mittelteil freigegeben. Der ist nun vierfüßig-weiblich; eine Strophe gehört dem *großen Arzte*, eine (mit umschlungenem Krach-Reim *Krücken – Rücken*) dem Berichtenden, der in einer weiteren halben sich als betroffen erinnert und, geheilt, wieder *ich* sagt. Hier wäre die Ballade zu Ende; doch hatte der Dichter zwölf Verse lang Energie gehortet, wohin mit der?
In die zweimal fünf vollen Trochäen der Schlußformel, die den scheinbar abgeschlossenen Vorgang ins Dauernde reißt: Die Heilung, erfahren wir, war heikel, das ausgelacht Alte weist als Schatten im neuen Schreiten, und *Hölzer*, daraus Krücken zu machen gehen, trifft der Blick alleweil. Wüßten die Leute heute Gedichte – bei welchen Gelegenheiten könnten sie die beiden Zeilen nicht hersagen!
Wovon, übrigens, ist eigentlich die Rede? Ich habe immer gemeint, der *große Arzt* sei der marxistische Theoretiker Karl Korsch, der Eigner des zähen Rückens Brecht, der Krückendrechsler Dshugaschwili, genannt »Der Stählerne«. Wäre indes nur das alte *Sapere aude!* in Verse gebracht (das Kant übersetzt *Habe Mut, dich des eigenen Verstandes zu bedienen!*), bliebe der Text schön und wahr genug: Latein kann niemand mehr, Kant liest keiner, und im neuen Gewimmel der Gurus wird Verstand wieder zum Schimpfwort. Nun aber kommen die Biographen; es war, sagen sie, alles ganz anders. Brechts Geliebte im Dänemark, Ruth Berlau, mochte aus ihrer Ehe mit einem Arzt sich nicht lösen; dies zu tun, rät ihr Brecht dringlich, der *große Arzt* ist er selber. (Berlau folgte ihm und verfiel dem Suff.) Muß man derlei wissen? Unbedingt; den Anlaß eines Kunstwerkes für dessen Mitteilung zu halten kann zu so plattsinnigen Albernheiten führen, daß das Vergessen der Anlässe öffentlich geübt werden sollte. Die Biographen, schließlich, wollen wir nicht abschaffen; die Texte aber bleiben und erzählen uns über die Welt.

ÜBER GOETHES GEDICHT »DER GOTT UND DIE BAJADERE«

O bittrer Argwohn unsrer Mahadöhs
Die Huren möchten in den Freudenhäusern
Wenn sie die vorgeschriebne Wonne äußern
Nicht ehrlich sein. Das wäre aber bös.

Wie schön singt jener, der das alles weiß
Von jener einzigen, um die's ihm leid war
Die für ihn auch zu sterben noch bereit war
Um den von Anfang ausgemachten Preis.

Wie streng er prüfte, ob sie ihn auch liebte!
Ausdrücklich heißt's, er hab ihr Pein bereitet . . .
Sechs waren schon geprüft, doch erst die siebte

Vergoß die Tränen, als sie ihn verlor!
Doch wie belohnte er sie auch: beneidet
Von allen hob er sie am Schluß zu sich empor!

Norbert Mecklenburg
Die wahre Liebe und die Ware Liebe

Wer dieses Gedicht verstehen will, muß ein anderes kennen. Denn Brechts modernes Sonett kommentiert eine klassische Ballade Goethes. Diese erzählt in bezaubernd anmutigen Versen eine alte »indische Legende« nach. Der Gott Mahadöh kommt auf die Erde herab, um die Herzen der Menschen zu prüfen. Zuletzt besucht er eine Prostituierte. (Eigentlich ist eine Bajadere jedoch eine kultische Tempeltänzerin.) Als sich ihr geschäftsmäßiger Dienst an dem schönen jungen Mann in wirkliche Liebe verwandelt, prüft Mahadöh deren Echtheit, indem er sich am Morgen totstellt. Aus Schmerz über den Verlust folgt die Bajadere ihm auf den Scheiterhaufen. Doch da geschieht das Wunder: Der Götterjüngling erwacht und hebt die Geliebte mit »feurigen Armen zum Himmel empor«.

Goethes Ballade war anstößig und ist es geblieben. Den Christen empört das Auftreten Gottes als Sextourist, die gemeinsame Himmelfahrt nach gemeinsamer Liebesnacht, den Hindu umgekehrt eine Verleumdung kultischer Liebespraxis als »tiefes Verderben«, die Feministin eine extreme Ungleichheit der Rollen von Mahadöh und Bajadere, Mann und Frau. Die frommen Goetheverehrer halten sich an die – ziemlich unpassende – Schlußformel der Ballade: »Es freut sich die Gottheit der reuigen Sünder«, und finden in ihr das klassische Humanitätsideal dargestellt. Und die scheinheiligen Spießer unter ihnen beteuern, auch Prostituierte seien liebesfähig; so manche von ihnen habe durch spätere treue Ehe und Mutterschaft die Flecken ihres früheren Lebens getilgt.

Genau an solcher Spießigkeit hat sich Brecht zeitlebens gerieben. Als nach der Novemberrevolution junge Bohemiens in einem Augsburger Prostituiertendomizil beisammensaßen, löste einer von ihnen die Amüsierdame ab, die auf dem Tisch tanzte und anzügliche Lieder sang, und trug mit dürftigen Klampfengriffen und aufreizend krächzender Stimme ein Gedicht vor: »Der Gott und die Bajadere«. Das war natürlich der junge B. B., der den anstößigen gegen den bürgerlich vereinnahmten Goethe ausspielte. Distanzierter und einfallsreicher hat sich dann der älter gewordene Brecht der Exiljahre mit dem »klassischen Erbe« auseinandergesetzt, über das damals heftige Debatten geführt wurden. Das Goethe-Sonett von 1938 ist dafür ein markantes Zeugnis. Es gehört zu einem kleinen Zyklus literaturkritischer Sonette, der für Leser gedacht war, die »niedrige Motive noch in den erlesensten Kunstgebilden zu schätzen wissen«.

Die Sonettform bewirkt eine Verfremdung: Der Einspruch gegen den klassischen Text wird in klassischer Form und hohem Stil dargeboten. Ein komischer Widerspruch zur »niedrigen« Absicht und zum anstößigen Gegenstand. Goethes Wortzauber wird mit beißender Ironie als fauler Zauber entlarvt, seine Erzählung »bis zur Kenntlichkeit« entstellt. Der indische Gott ist nur einer »unsrer Mahadöhs«, also der Bürger, die lächerlicherweise für Geld echte Liebe erwarten. Die Serie seiner Menschwerdungen besteht nur aus Bordellbesuchen, einem erotischen Warentest, obendrein mit sadistischem Anhauch. Auch wird der Held mit dem gleichgesetzt, der da so schön von der großen Ausnahme »singt«, von der bis in den Tod liebenden Bajadere – also mit dem Erzähler, mit Goethe. Dessen Ballade erscheint damit als bürgerliche Männerphantasie. Vom klassischen Humanitätsideal keine Spur.

Ebenso scharf wie Brecht und sehr scharfsinnig hat ein paar Exiljahre später Adorno Goethes indische Legende kritisiert. Der 112. Aphorismus seiner »Minima Moralia« schließt so: »Die Nacht hat ihre Lust, aber die Hure wird doch verbrannt. Der Rest ist die Idee.« So wenig Brecht und Adorno einander persönlich mochten, so ähnlich war damals ihr kritischer Umgang mit klassischer Literatur. Wie ihre gemeinsamen Freunde Benjamin, Eisler und Bloch wehrten sie sich einerseits gegen bürgerlichen Goethekult und nationalsozialistische Goetheverfälschung, andererseits gegen die Doktrin des kommunistischen Literaturpapstes Lukács, der in Moskau die moderne Literatur als dekadent verdammte und Goethe als Repräsentanten eines »klassischen Realismus« feierte.

Die Legende von Gott und Bajadere – realistisch? Auch daher kommt die Überschärfe der Kritik an Goethes Gedicht. In einem Selbstkommentar Brechts zu seinem Sonett aber finden wir neben dem Nein auch ein Ja zu Goethes Ballade: Sie werde einem guten Leser durch sein Sonett nicht verleidet. Denn sie kämpfe gegen Besitz- und Standesdenken in der Liebe und zeige die freie Vereinigung von Liebenden als etwas Göttliches, etwas Schönes und Natürliches. Daher sei sie so lebendig und lieblich und könne »mit Freude gelesen werden«. – Der Leser dieser Zeilen mache die Probe!

ÜBER KLEISTS STÜCK »DER PRINZ VON HOMBURG«

O Garten, künstlich in dem märkischen Sand!
O Geistersehn in preußischblauer Nacht!
O Held, von Todesfurcht ins Knien gebracht!
Ausbund von Kriegerstolz und Knechtsverstand!

Rückgrat, zerbrochen mit dem Lorbeerstock!
Du hast gesiegt, doch war's dir nicht befohlen.
Ach, da umhalst nicht Nike dich. Dich holen
Des Fürsten Büttel feixend in den Block.

So sehen wir ihn denn, der da gemeutert
Durch Todesfurcht gereinigt und geläutert
Mit Todesschweiß kalt unterm Siegeslaub.

Sein Degen ist noch neben ihm: in Stücken.
Tot ist er nicht, doch liegt er auf dem Rücken:
Mit allen Feinden Brandenburgs im Staub.

Joachim Kaiser
Großmütige Vision, kleinmütiger Schwindel

1940, im September, als Hitler alles zu gelingen schien und dem Westen gar nichts, wunderte sich Brecht, der gerade am »Puntila«-Drama arbeitete, über sich selbst: »der puntila geht mich fast nichts an, der krieg alles; über den puntila kann ich fast alles schreiben, über den krieg nichts.« Brecht, auf seiner Flucht in Finnland festsitzend, schließt das Notat mit folgender Elfenbeinturm-Feststellung: »es ist interessant, wie weit literatur, als praxis, wegverlegt ist von den zentren der alles entscheidenden geschehnisse.«

In jenem bedrückenden Jahr 1940 hat Brecht auch streng geformte Sonette verfaßt, »Studien« über Texte von Dante, Shakespeare, Kant, Lenz, Schiller (zweimal), Goethe und eben über Kleists »Prinz von Homburg«. Die insgesamt acht Gedichte gelangten erst 1951 an die Öffentlichkeit, und zwar mit dem beschwichtigenden Hinweis: »Diese sozialkritischen Sonette sollen natürlich den Genuß an den klassischen Werken nicht vereiteln, sondern reiner machen.« Wie sieht nun die »sozialkritische« Säuberung des Kleistschen »Homburg«-Schauspiels zum Zwecke reineren Genusses aus? Das Sonett läßt sich als Musterbeispiel dafür lesen, wie Brecht beim dichterischen Arbeiten die Poesie des Kleistschen Dramas visionär, fast sehnsuchtsvoll, zu verklären wußte, aber andererseits die Handlung des Stückes umbog und umlog, auf daß sie sich als Ausdruck preußisch-militaristischer Menschenverachtung für marxistische Sozialkritik eigne. Brechts Sonett beginnt in pathetisch gehobener Sprechweise. Nach der getragenen Anrede »O Garten« stellt sich eine zarte Spannung her zwischen dem »märkischen Sand« (wo man Exerzierplätze oder günstigstenfalls Kartoffelanbau erwartet) und dem »künstlich« (das man dortselbst entschieden weniger erwartet).

Der Beginn des Sonetts – die ersten fünf Zeilen enden sämtlich mit einem Ausrufezeichen! – konstituiert einen hochgespannten Ton. Rasch ist ein visionärer Höhepunkt erreicht. Brecht vermag Kleists unvergleichliche Anfangsszene in eine einzige, freilich geniale Zeile zu sublimieren: »O Geistersehn in preußischblauer Nacht!« Was für eine enharmonische Umdeutung des Preußischblau! Preußischblau, ein synthetisches Pigment, 1704 von dem Alchimisten Diesbach in Berlin dank glücklichen Zufalls gewonnen, ist ja zunächst nur eine ganz bestimmte Farbe. Von Brecht in Zusammenhang mit dem größten Preußen-Drama unserer Literatur gebracht, widerfährt dem Preußischblau das Wunder einer poetischen Transformation. Es ist ein verzaubertes Preußen, wie Gott und Kleist es träumten, wie Gérard Philipe es einst in Paris spielte. Ein Preußen, dessen Helden eben nicht bloß Kommißköppe, Kriegsspezialisten, funktionierende Befehlsempfänger waren, sondern auch Geisterseher und Träumer sein durften in preußischblauer Nacht.
Wohin soll das führen? Brecht nimmt sich sogleich gehorsamst sozialkritisch zusammen. Bereits das zweite Quartett endet mit einer Dissonanz, einer Grimasse. »Dich holen / des Fürsten Büttel feixend in den Block.« Feixend? Das beschädigt nicht nur den hohen Ton des Sonetts, sondern auch Kleists Wahrheit. Kein Mensch kommt ja bei Kleist auf die Idee, über des undisziplinierten Arthur von Homburg Schicksal zu *feixen.* Der wiederum hat auch keineswegs »gemeutert«, sondern er ist übereifrig gewesen, exzentrisch, eigensinnig, todesängstlich, verliebt, zerstreut – am Ende schuldbewußt. Um dem Kleist-Drama sozialkritisch beikommen zu können, mußte der große Brecht also schwindeln. Sein Sonett nahm daran Schaden, ging aber nicht zugrunde. Sondern nun steht es als Muster vor uns, wie wunderbar Brecht Wahrheit dichten konnte und wie schlecht Lüge.

ÜBER SCHILLERS GEDICHT »DIE BÜRGSCHAFT«

O edle Zeit, o menschliches Gebaren!
Der eine ist dem andern etwas schuld.
Der ist tyrannisch, doch er zeigt Geduld
Und läßt den Schuldner auf die Hochzeit fahren.

Der Bürge bleibt. Der Schuldner ist heraus.
Es weist sich, daß natürlich die Natur
Ihm manche Ausflucht bietet, jedoch stur
Kehrt er zurück und löst den Bürgen aus.

Solch ein Gebaren macht Verträge heilig.
In solchen Zeiten kann man auch noch bürgen.
Und, hat's der Schuldner mit dem Zahlen eilig

Braucht man ihn ja nicht allzustark zu würgen.
Und schließlich zeigte es sich ja auch dann:
Am End war der Tyrann gar kein Tyrann!

Helmut Koopmann
Schuldenerlaß

Wie hat die Nachwelt doch Schiller mitgespielt! Kaum war Schillers »Reiterlied« aus dem »Wallenstein« erschienen, da machte sich Achim von Arnim schon darüber her und schrieb: *Auf, auf, Kameraden zu Fuß und zu Pferd, / Ins Feld, in die Freiheit gezogen! / Im Felde da ist der Preuße was wert* – nicht mehr der Mann, und wenn das auch noch kein Spott war, so hielt Mynona, also Salomo Friedlaender, sich wohl kaum zurück, als er schrieb: *Wohl ab, Kameraden, vom Pferd vom Pferd, / Aus dem Feld in die Freiheit gezogen, / Im Frieden, da ist die Uniform nichts mehr wert.* Das war 1922. Anderen Schillerschen Gedichten ist es nicht besser gegangen. Wie hat man nicht »Die Glocke« satirisch verunstaltet! Am harmlosesten war noch »Das Lied von der Erbswurst«, 1871 verfaßt, denn da gab es zwar etwas groben Humor, aber am Ende dann doch die Zeile: »Wilhelm, unser Kaiser lebe«. Schiller war an alledem nicht ganz unschuldig – schon Caroline Schlegel hatte die Nase gerümpft über seine »hochfahrenden Poesien«.

Aber nun »Die Bürgschaft« – wir haben Schillers Pathos noch im Ohr und seine letzten Zeilen *Ich sey, gewährt mir die Bitte, / In eurem Bunde der dritte* als Sprichwort jederzeit parat. Eine rührselige Situation: Der Freund bürgt für den zum Tode verurteilten verhinderten Tyrannenmörder, und was auch kommen mag – tropische Regengüsse, ein über die Ufer getretener Fluß, einige Grobiane, die ihm ans Leder oder doch zumindest ans Geld wollen, schließlich die erbarmungslos davoneilende Zeit –, er hält Wort und löst den Freund aus, und da kann der Tyrann gar nicht anders, als jene Bitte äußern, die inzwischen redensartlich geworden ist. Soll man Schiller die Geschichte glauben? Der ist freilich insofern fein heraus, als er die Sache gar nicht erfunden, sondern ziemlich genau einer Fabel des römischen Polyhistors und Schriftstellers Gaius Julius Hyginus nachgeschrieben hat.

Aber Brecht hat es nicht auf diesen, sondern auf Schiller abgesehen, und er reduziert die rührende Geschichte erst einmal auf ihre eigentliche Substanz. Auf die quasi-kapitalistischen Verhältnisse, die dem Sachverhalt zugrunde liegen. Da sind ein Schuldner und ein Bürge, da sind Verträge, und da geht es um das Zahlen. Aber angesichts der erstaunlichen Geschichte, von der Schiller berichtet, kommt Brecht aus seinem höhnischen Kopfschütteln nicht heraus. Jene »edle Zeit« muß eine fabulöse Zeit gewesen sein, in der der Mensch sich geradezu unmenschlich verhielt, da er nicht den Vorteil nutzte, den ihm die Bürgschaft bot, sondern mit einer Sturheit, die man sonst eher der Landbevölkerung gewisser Distrikte zuschreibt, tatsächlich zurückkehrt und sich an den Galgen liefert. Wäre dem wirklich so, ja, dann müßten Verträge ja auch gehalten werden, da wären Bürgschaften möglich und am Ende gar ein vorsichtiger Schuldenerlaß. Fürwahr eine edle Zeit, mit Menschlichkeit versehen bei Schuldner, Bürge und Tyrann. Sollen wir es glauben? Mitnichten, denn hier ist alles nur schöner Schein, der Tyrann schließlich überhaupt kein Tyrann, der sture Schuldner in seinem Fluchtverzicht fast schon unbegreiflich, der Tyrann ohnehin schon merkwürdig, weil er Geduld zeigt.

Nein, da bleiben Brecht nur Hohn und Spott, denn die Verhältnisse, sie sind nicht so. Fauler Zauber alles, das menschliche Gebaren nichts als Lüge, denn die Wirklichkeit, das weiß Brecht nur zu gut, sieht anders aus: Weder hat der Tyrann Geduld, noch kommt der Schuldner zurück, und vieles mag heilig sein, Verträge aber sind es nicht. Die erste Zeile von Brechts Sonett darf nicht als hymnischer Begeisterungsschrei gelesen werden. Sie enthält ein Todesurteil über Schillers hochherzige Menschheitsphantasie, denn nicht nur die

Verhältnisse sind nicht so, sondern auch die Menschen. Das ist ein poetisches Wolkenkuckucksheim, das Schiller sich da zurechtbaut, ein balladeskes Ammenmärchen, und Brechts eigentliche Botschaft lautet: Laßt alle Hoffnung fahren.

Das Gedicht entstand im Exil, das Brechts Blick für vieles geschärft hat; 1938 hat er es zusammen mit anderen als »Vierte Lektion« in seine »Hauspostille« eingefügt. Und er hat bissig hinzugefügt, diese vierte Lektion sei »für die wenigen Leser bestimmt, welche niedrige Motive noch in den erlesensten Kunstgebilden zu schätzen wissen, für Leser, welche imstande sind, Werke der Vergangenheit nicht zu verstehen«. Aber jetzt, nach diesem Gedicht, sollte jeder Leser verstanden haben, was es mit der »Bürgschaft« Schillers eigentlich auf sich hat. Brecht, mit einiger Schlitzohrigkeit ausgestattet, hat später noch hinzugefügt: »Diese sozialkritischen Sonette sollen natürlich den Genuß an den klassischen Werken nicht vereiteln, sondern reiner machen.« Gewiß, aber doch wohl nur im Sinne dessen, der die »edle Zeit« von damals durchschaut hat.

LOB DER VERGESSLICHKEIT

Gut ist die Vergeßlichkeit!
Wie sollte sonst
Der Sohn von der Mutter gehen, die ihn gesäugt hat?
Die ihm die Kraft seiner Glieder verlieh und
Die ihn zurückhält, sie zu erproben.

Oder wie sollte der Schüler den Lehrer verlassen
Der ihm Wissen verlieh?
Wenn das Wissen verliehen ist
Muß der Schüler sich auf den Weg machen.

In das alte Haus
Ziehen die neuen Bewohner ein.
Wenn die es gebaut haben noch da wären
Wäre das Haus zu klein.

Der Ofen heizt. Den Hafner
Kennt man nicht mehr. Der Pflüger
Erkennt den Laib Brot nicht.

Wie erhöbe sich ohne das Vergessen der
Spurenverwischenden Nacht der Mensch am Morgen?
Wie sollte der sechsmal zu Boden geschlagene
Zum siebenten Mal aufstehen
Umzupflügen den steinigen Boden, anzufliegen
Den gefährlichen Himmel?
Die Schwäche des Gedächtnisses verleiht
Den Menschen Stärke.

Jürgen Jacobs
Strenge Fügung

»Lob der Vergeßlichkeit« – der Titel klingt paradox: Will Brecht eine Schwäche anpreisen oder gar eine Untugend, die doch vorläge, wenn jemand seiner Bequemlichkeit wegen das Vergangene vorsätzlich vergäße und verdrängte? Natürlich nicht. Das Gedicht soll die Wahrheit aussprechen, daß der Mensch um seiner Lebensfähigkeit willen vergessen muß: Bliebe ihm alles Überlieferte und Erlebte verbindlich, dann fehlte ihm die Freiheit, sich den Forderungen der Gegenwart und Zukunft zuzuwenden. Man kennt den Gedanken von Nietzsche, aus der Abhandlung über Nutzen und Nachteil der Historie: Als eines der Mittel gegen die »historische Krankheit« ist dort die Fähigkeit genannt, »vergessen zu können und sich in einen begrenzten Horizont einzuschließen«.

Brechts Gedicht liefert gleich zu Beginn ein drastisches Beispiel für die Lebensnotwendigkeit des Vergessens. Der Sohn muß die Liebe und die Wohltaten der Mutter aus seinem Gedächtnis drängen, er muß die stärksten Bindungen zerreißen, um sich auf eigene Beine zu stellen. Ebenso muß sich der Schüler von seinem Lehrer lossagen. Das sind schmerzliche Vorgänge für die Beteiligten, aber sie sind unvermeidlich. Fänden Sohn und Schüler nicht die Kraft, Gefühle zu verletzen und undankbar zu erscheinen, dann blieben sie im Bann ihrer Vergangenheit und könnten niemals selbst Väter und Lehrer werden.

Ein anderer Aspekt des Vergessens ist, daß über dem Gebrauch nützlicher und notwendiger Dinge deren Vorgeschichte aus dem Bewußtsein schwindet. Wer im warmen Zimmer sitzt, so Brechts Beispiel, denkt nicht mehr an den Ofensetzer. Aber auch wer zur Befriedigung der elementaren Lebensbedürfnisse selbst beigetragen hat, verliert seinen

Anteil aus den Augen: Der Pflüger denkt nicht mehr an seine Arbeit, wenn er das Brot vom Tisch nimmt. Der gelebte Augenblick ist erinnerungslos, denn er macht mit unwidersprechlicher Evidenz sein Recht, das der augenblicklichen Notwendigkeit, geltend.

In seinem vorletzten Abschnitt weist das Gedicht auf den vielleicht größten Segen des Vergessens: Dem Menschen hilft über seine Niederlagen, über das Scheitern an äußeren Widrigkeiten allein »das Vergessen der / Spurenverwischenden Nacht« hinweg. Wenn ihm die Enttäuschung und der Schmerz unauslöschlich vor Augen blieben, fände er nicht den Mut zu einem neuen Anfang.

Der Text erweist sich in seinem lapidaren Stil als ein typisches Denk-Gedicht aus Brechts Exilzeit. Die sprachliche Bewegung ist nicht durch den Zwang des Reims, durch ein bestimmtes Metrum oder ein Strophenschema gebunden. Trotzdem erwecken die Zeilen des Gedichts den Eindruck einer strengen Fügung. Offensichtlich schafft sich hier der Gedanke in seiner fortschreitenden Entfaltung die ihm gemäße sprachliche Form, wobei er sich dem Gesetz der Knappheit und der prägnanten Profilierung unterwirft. In der gedrängten Bündigkeit und in der spannungsvollen, aber sparsamen Bewegung des Gedankens zeigt sich die ästhetische Qualität des Textes.

Das Gedicht schließt mit einer Sentenz, die dem Leser den gedanklichen Gehalt in zitierfähiger Form einhändigt: »Die Schwäche des Gedächtnisses verleiht / Dem Menschen Stärke«. Der Dialektiker Brecht würde sofort zugestehen, daß damit nur eine Teilwahrheit ausgesprochen ist. Denn ohne Zweifel darf nicht alles vergessen werden, und nicht bei jeder Gelegenheit ist das Vergessen am Platz. Die Menschen lebten sonst – um noch einmal Nietzsche zu zitieren – wie die Tiere, »kurz angebunden mit ihrer Lust und Unlust, nämlich an den Pflock des Augenblicks«. Es widerspräche auch im höchsten Maße der dialektischen Denkweise, das Gewordensein der Dinge zu verleugnen. Brechts eigenes Prinzip des »Historisierens«, dem er zentrale Bedeutung innerhalb seiner Dramaturgie zuwies, trägt dem Rechnung. In einigen Gedichten der dreißiger Jahre allerdings betont er die Notwendigkeit des Vergessens und bezieht diesen Gedanken auch auf seine eigene Person. Auf die Frage »Warum soll mein Name genannt werden?« gibt er die Antwort, er sei damit einverstanden, aus dem Gedächtnis späterer Generationen zu verschwinden: »Warum / Soll es eine Vergangenheit geben, wenn es eine / Zukunft gibt?«

ÜBER INDUKTIVE LIEBE

F. Bacon gewidmet, der die induktive Methode
in die Naturwissenschaften einführte.

Der große Bacon baute auf Versuche.
's wär Zeit, sie in die Liebe einzuführen.
Vielleicht, wir finden, wenn wir uns berühren:
Wie liegen gerne unter einem Tuche.

Und meine Hand, die deine Brüste fand
Sag: ist sie angenehm? Wenn wir's nur wüßten!
Vielleicht dem Schoß nicht, aber doch den Brüsten?
Vielleicht dem Schoß, und diesem nur die Hand?

Nur dürfte weder Wollen noch Verwehren
Bei dem Versuch das letzte Wort bedeuten.
Erfreuen sollten wir, wenn wir uns freuten.

Aus dem Genießen wachse das Begehren.
Gestattete sie, daß er sie begattet
Ist ihm, sich nicht zu gatten, auch gestattet.

Reinhold Grimm
Discours de la méthode

Er gilt als Pascha, wenn auch wohl kaum als Papagallo. Denn dazu wie zum echten Macho fehlte ihm wohl das Imponiergehabe. »Aber«, tönt es schrill, »ein Male Chauvinist war Bertolt Brecht bestimmt!« Und Kritiker, die sich emanzipiert dünken, bieten eilig die Belege hierfür an. Beispiele werden hervorgeholt, Aussprüche nachgewiesen, erotische Untaten aufgezählt. Flugs hat man (will sagen man/frau) den Stab über den armen B. B. gebrochen und lauthals sein Verdammungsurteil verkündet. Wagte er nicht, dieser angeblich so fortschrittlich gesinnte Dichter, von Frauen wie von Frauen zu reden und als Frauen mit ihnen umzugehn? Weh ihm!

Nun war in der Tat das Liebesleben des Mannes Brecht ein bißchen – ja, wie soll ich es eigentlich nennen: »unbürgerlich«? Doch erstens ist das Bürgertum keineswegs so prüde und puritanisch, wie uns gewisse Kreise weismachen wollen; und zweitens treibt »man« es ausgerechnet in solchen Kreisen zumeist noch so autoritär, patriarchalisch und auch muffig wie nur je unter Kleinbürgern.

Also? Müßten wir uns mit dem abgedroschenen Wort »bohemehaft« behelfen? Sollen wir gar den gefährlichen Ausdruck »natürlich« wählen? Oder wäre ganz schlicht und einfach zu konstatieren, Brechts Liebesleben sei eben kein sehr gewöhnliches gewesen? Daß er im Sinn gewöhnlicher, gängiger, hergebrachter Moralbegriffe (wie erst recht, versteht sich, im Sinn rigoros feministischer Verkehrsformen und -forderungen) einiges auf dem biographischen und poetischen Kerbholz hat, läßt sich schwerlich leugnen. Zu fragen bleibt indes, ob es durch ein Gedicht wie »Über induktive Liebe« nicht längst schon aufgewogen ist, wenn es denn aufgewogen werden soll und muß.

Ich werde mich freilich hüten, das in Prosa breitzutreten, was Brecht in Versen vorschlägt. Gerade weil es sich hier um kein schwüles Bettgeflüster, sondern um den Austausch zwischen zwei gleichberechtigten Partnern handelt, hat dieses Gedicht keine Paraphrasen oder sonstigen Phrasen nötig. In ihm ist, obzwar bloß die männliche Stimme spricht, stets auch die weibliche gegenwärtig. Die Gemeinsamkeit der beiden sich liebend Erprobenden und Erfreuenden ist sogar, zur Abwechslung, rein philologisch-numerisch demonstrierbar. Nicht weniger als achtmal steht das Pronomen »wir« oder »uns«, hingegen kein einziges Mal das Pronomen »ich«!

Statt mieser Tradition, die sich fortschleppt, oder neuer dogmatischer Starre erscheint lebendige Dialektik – wenn anders Dialektik das Ineinander von Gegensätzen und deren Entfaltung oder, konkret, die widerspruchsvolle Einheit von Wollen, Verwehren und Gestatten, von »Genießen« und »Begehren« (man beachte die Umkehrung) darstellt.

Auch ihren Humor besitzt diese kecke Verwissenschaftlichung des Erotischen: von der augenzwinkernden Widmung an den »großen Bacon« bis zur Lautkomik des stotternden Staccatoschlusses, die dessen Ernst aber darum keineswegs mindert. Und wie sich's seit Petrarca und Shakespeare für ein auf Gefühl und Gedanke bauendes Liebesgedicht, zumal ein didaktisches, ziemt, ist Brechts *Discours de la méthode* selbstverständlich ein Sonett.

Übrigens behaupte ich durchaus nicht, das Gedicht sei vollkommen. Aber es ist so ganz ohne Faxen und Verrenkungen, von solch humaner Gelassenheit, lässigem Freimut, freier Bindung und Rücksicht wie nur selten Verse über die Liebe. Sinnlich zugleich und sachlich, zeigt es die schöne Nacktheit der wirklichen Emanzipation, die keinerlei ideologischer Reizwäsche bedarf.

SCHLECHTE ZEIT FÜR LYRIK

Ich weiß doch: nur der Glückliche
Ist beliebt. Seine Stimme
Hört man gern. Sein Gesicht ist schön.

Der verkrüppelte Baum im Hof
Zeigt auf den schlechten Boden, aber
Die Vorübergehenden schimpfen ihn einen Krüppel
Doch mit Recht.

Die grünen Boote und die lustigen Segel des Sundes
Sehe ich nicht. Von allem
Sehe ich nur der Fischer rissiges Garnnetz.
Warum rede ich nur davon
Daß die vierzigjährige Häuslerin gekrümmt geht?
Die Brüste der Mädchen
Sind warm wie ehedem.

In meinem Lied ein Reim
Käme mir fast vor wie Übermut.

In mir streiten sich
Die Begeisterung über den blühenden Apfelbaum
Und das Entsetzen über die Reden des Anstreichers
Aber nur das zweite
Drängt mich zum Schreibtisch.

Kurt Drawert
Gute Zeit für Lyrik

Wer schlechte Nachrichten bringt, hat Zuspruch nicht zu erwarten. Warum aber überbringt er sie dann? Könnte er nicht auch die Botschaften tauschen und verkünden, was gerade gewünscht wird? Zumal er, wie im Falle des Brechtschen Gedichtes, selber entscheidet, welche Nachricht seinen Schreibtisch verläßt? Es muß also ein Motiv geben, das stärker ist als das Begehren, geliebt und geehrt zu werden. Wir erfahren es mit dem letzen Satz: es ist die Empörung.

Zunächst aber beginnt das Gedicht, geschrieben 1939 im dänischen Exil, mit einem Zeichen von Resignation. Ich bin unglücklich, sagt das lyrische Ich, und meine Stimme wird man nicht hören wollen. Es rechnet damit, kein Souverän auf einem Podium zu sein mit einem gesicherten Anspruch auf Wirkung. Eher steht es auf verlorenem Posten gleich dem Verfasser, der aus der Ferne mit seinem Land spricht. Aber Sprache realisiert sich nur im Dialog, und ein Text findet seinen Sinn erst in dem, den er anspricht.

So erklärt sich das Ich, das zu uns redet, einverstanden mit dem Bedürfnis des Lesers nach Harmonie. Allerdings nur für den Augenblick, den es braucht, ihn zu gewinnen, um sofort, schon in der zweiten Strophe, den Glanz des Harmonischen, Schönen radikal in Frage zu stellen: auch wenn die Vorübergehenden den verkrüppelten Baum einen Krüppel schimpfen, so gibt er doch einen Hinweis auf die Beschaffenheit des Bodens, auf dem er steht. Dieses grandiose Bild versperrt jeden Fluchtweg. Selbst das nachgestellte *Doch mit Recht*, das noch einmal den fremden Blick imitiert, hat nicht mehr die Kraft, die Dialektik des Bildes außer Kraft zu setzen. Er, dessen Glück gebrochen und dessen Gesicht häßlich geworden ist, er spricht zugleich über die Verhältnisse, wenn er über sich spricht, und seine Einzelheit wird exemplarisch. So darf auch das Gedicht, wo es wahr werden möchte, nicht schön sein wollen. Allein deshalb jeder Verzicht auf Elemente der hohen, lyrischen Rede, auf Glamour und poetische Raffinesse, denn *In meinem Lied ein Reim / Käme mir fast vor wie Übermut.*

Das ist auch ein Bekenntnis und ein literarischer Standort. Der Dichter ist kein Lieferant von Bestätigungsschriften, und er kann nicht frei über die Stoffe verfügen, die ihn zum gültigen Text bringen können. Eher gleicht er einem Spiegel, der reflektiert, was ohne ihn unsichtbar wäre, und er spricht aus, was andernfalls stumm und damit abwesend bliebe. Was nicht in der Sprache erscheint, darüber kann nicht gesprochen, und es kann nicht verändert werden. Diese Tatsache ist ebenso simpel, wie sie gerade Diktaturen ihr Fundament gibt. Deren Bedingung ist es, Sprache und damit Bewußtsein zu zerstören, um sich selbst am Leben zu erhalten, und so begründet sie ihre Macht im erzwungenen Schweigen. Aber das Schweigen ist keine Leere, sondern Sprache, die ihre Verlautbarung sucht. Je größer und damit bedrückender es wird, um so stärker wird auch das Wort, das daraus erwächst. Kann die Zeit für Lyrik, wie der Titel des Gedichtes sagt, also tatsächlich schlecht sein?

Das Zentrum des Gedichtes bildet die dritte Strophe, die mit sieben Versen die längste darstellt und auch optisch den Mittelpunkt einnimmt. Hinter dem lyrischen Subjekt können wir nun klar den Autor erkennen, und mit ihm sehen wir aus dem Fenster seines Hauses am Svendborg Sund in die Landschaft. In einem Fragesatz, von dem aus das Gedicht sich organisiert, werden wir nun Zeugen eines quälenden Zweifels: warum nur mischt man sich ein in die Geschicke der Welt und überläßt sie nicht ihrer blinden Bestimmung.

Er, der hier mit sich selbst spricht, sieht *Die grünen Boote und die lustigen Segel des Sundes* sehr wohl, auch weiß er, daß *die Brüste der Mädchen* warm sind *wie ehedem.* Warum also redet *er nur davon / Daß die vierzigjährige Häuslerin gekrümmt geht?* Für die Zeit eines Strophensprunges sind wir allein. Natürlich ist er weiter als wir und hat seine Zweifel nur konstruiert, um sie für uns zu verwerfen. *Die Begeisterung über den blühenden Apfelbaum* drängt nicht, Sprache zu werden. Aber *das Entsetzen über die Reden des Anstreichers* Hitler, die Empörung also, die mehr wiegt als die betäubende Lust am schönen Text, sie ist die Energie, die dem Autor Stimme verleiht.

Das Gedicht kommt und geht leise. Klar und kühl spricht es aus, was es weiß. Kein dunkler, metaphysischer Grund, keine ästhetische Verrenkung mit versteckt gehaltenem Sinn, keine Sprache, die sich einem zu starken Interesse an Poesie unterwirft. Fast scheint es, als verweigerte er seine lyrische Gestalt, wäre nicht der Wille des Verfassers zu einem Gedicht dadurch erkennbar, daß er Strophen und Verse gesetzt hat. Gerade diese Absichtslosigkeit aber ist es, die das Gedicht eindringlich macht. Es will fast nichts, deshalb erreicht es fast alles.

DIE MASKE DES BÖSEN

An meiner Wand hängt ein japanisches Holzwerk
Maske eines bösen Dämons, bemalt mit Goldlack.
Mitfühlend sehe ich
Die geschwollenen Stirnadern, andeutend
Wie anstrengend es ist, böse zu sein.

Ludwig Harig
Verruchte Dialektik

»Schwer ist es, gut zu sein«, heißt es bei Plato, der mit unermüdlichem Eifer den Menschen mahnt, sich der anstrengenden Schau der Ideen zu widmen, im Vollkommenen das Gute zu erkennen. Doch was ist das Vollkommene, was ist das Gute? Was ist, im Gegensatz dazu, das Unvollkommene, folglich das Böse? Nur im dialogischen Widerstreit von These und Antithese sei die Erkenntnis dessen zu gewinnen, lehrt der Philosoph, und so kam es durch fortwährendes Umwerfen, Umkehren, Umwenden des Erkannten – das man die dialektische Methode nennt – zu immer neuen, immer anderen Urteilen.

Im wortwörtlichen Sinn das Perverse an der Dialektik ist ihre verruchte Spitzfindigkeit, mit deren Hilfe man jedes Ding drehen, auf den Kopf stellen, ihm seine natürliche Unschuld nehmen und es ins Gegenteil verkehren kann. Bertolt Brecht, der geschickte Dialektiker, in der Kunst erprobt, mit dem Kniff des konträr gedeuteten Wortsinns das Vertraute fremd zu machen, suggeriert uns in seinem Gedicht »Die Maske des Bösen« die verblüffende Einsicht, nicht gut, sondern böse zu sein bedürfe der Anstrengung. Zwar schickt er den bösen Dämon vor, uns seine Behauptung einzureden, doch er selbst stellt sich ihm zur Seite, fühlt mit ihm, denkt mit ihm, handelt schließlich mit ihm, indem er den Eindruck erweckt, höchstselbst als Bösewicht aufzutreten, mit dem Kunstgriff der Dialektik anerkannte Lebenserfahrungen in Frage zu stellen.

Doch bei näherem Betrachten fällt in diesem dialektischen Ineinandertauschen von Gut und Böse wie ja auch beim Wechselspiel von Erinnern und Vergessen die naturbedingte Stärke, die Urkraft des Bösen und des Vergessens auf. Muß nicht die Forderung, Gutes zu tun, dringlicher erhoben werden als die Anweisung, das Böse zu unterlassen, wie ja auch dem Erinnerungsgebot kein Vergessensbefehl entgegengestellt zu werden braucht? Am Guten hält man sich erst fest, wenn man das Böse unterläßt, ist ebenso plausibel wie: Erinnert werden kann nur, was auch vergeßbar ist. Oder ist diese aus der Lebenserfahrung gewonnene Einsicht im dialektischen Gedankenspiel umkehrbar, damit der positive Wert, unterstzuoberst als negativ erscheinend, überprüft werden kann?

So betrachtet, ist Brechts Gedicht ein geheimer Appell, der zur Anstrengung herausfordert, sich vehement gegen das Böse zu stellen. Dafür mußte die Dialektik herhalten, die sich am Ende ihrer wortwörtlichen Perversität wegen als das einzig Böse herausstellt: ein jesuitischer Winkelzug, in dem der Zweck die Mittel heiligt.

Sogar Pestalozzi, der brave Pädagoge und Sozialreformer, von dem man es am allerwenigsten erwartet hätte, entpuppt sich als versierter Dialektiker. Er geht, seine Einschätzung von gut und böse so eindringlich und überraschend wie möglich zu formulieren, so weit, daß er sie, mit ihrem Sinn spielend, in eins setzt.

In seinem Erziehungsroman »Lienhard und Gertrud« legt er uns dringend nahe: »Um so gut zu sein wie menschenmöglich, muß man bös' erscheinen.«

DIE RÜCKKEHR

Die Vaterstadt, wie find ich sie doch?
Folgend den Bomberschwärmen
Komm ich nach Haus.
Wo denn liegt sie? Wo die ungeheueren
Gebirge von Rauch stehn.
Das in den Feuern dort
Ist sie.

Die Vaterstadt, wie empfängt sie mich wohl?
Vor mir kommen die Bomber. Tödliche Schwärme
Melden euch meine Rückkehr. Feuersbrünste
Gehen dem Sohn voraus.

Wulf Segebrecht
Das Menetekel der Bomberschwärme

»Das Herz bleibt einem stehen, wenn man von den Luftbombardements Berlins liest.« »Hamburg geht unter. Über ihm steht eine Rauchsäule, die doppelt so hoch ist wie der höchste deutsche Berg, 6000 m.« Notizen des Entsetzens, niedergeschrieben 1943 von Bertolt Brecht im sonnigen Kalifornien, seinem Exil. Brecht war durch amerikanische Zeitungen und Zeitschriften stets gut informiert über den Kriegsverlauf und über die Luftangriffe der Anglo-Amerikaner auf deutsche Städte; er schnitt sich die Abbildungen aus und verwendete einen Teil davon später in seiner »Kriegsfibel«.

Brechts Vaterstadt Augsburg wurde zwischen 1940 und 1945 mehrfach bombardiert. Am 17. April 1942 wurde auch die Papierfabrik Haindl, deren kaufmännischer Direktor Brechts Vater (bis zu seinem Tod im Jahre 1939) gewesen war, während eines Luftangriffs von britischen Bombern getroffen. Weitaus schwerere Bombardements der Stadt sollten noch folgen. Im Jahre 1943, als an eine Rückkehr in die Vaterstadt noch kaum zu denken war, schrieb Brecht das Gedicht »Die Rückkehr« so, als stünde sie unmittelbar bevor: »Folgend den Bomberschwärmen / Komm ich nach Haus.« Die Bombenangriffe auf die Vaterstadt und die bevorstehende Rückkehr des Sohnes in die Vaterstadt werden aufs engste miteinander in Verbindung gebracht. Die Rückkehr steht fortan – wann und unter welchen Umständen sie auch zustande kommen mag – immer unter dem Menetekel der tödlichen »Bomberschwärme«.

Sie werfen in beiden Strophen des Gedichts die Fragen auf, die sich dem Sohn stellen, wenn er sich seine Rückkehr in die Vaterstadt vorstellt. Sie fordern ihm zunächst – in der ersten Strophe – eine Neuorientierung ab: Nicht nach dem Vaterhaus und den vertrauten Stätten der Kindheit und Jugend hat er zu suchen, wenn er »nach Haus« kommt; diese Heimat ist unauffindbar geworden. Sie liegt »in den Feuern«, und über ihr stehen »die ungeheueren Gebirge von Rauch«. Die Vaterstadt ist für den Sohn nur noch als kaum mehr identifizierbarer Ort des Schreckens und der Vernichtung aufzufinden. Ihre Zerstörung ist nicht nur die zeitliche Voraussetzung, sondern zugleich die schreckliche Bedingung seiner Heimkehr: »Folgend den Bomberschwärmen / Komm ich nach Haus.« Das steht für ihn fest.

In der zweiten Strophe ändert sich die Perspektive. Hier wird nicht mehr gefragt, wie der Rückkehrer seine Vaterstadt nach den verheerenden Bombenangriffen wohl wiederfinden mag, sondern wie die zerstörte Stadt ihrerseits diesen Rückkehrer wohl empfangen wird, dessen Vorboten die tödlichen Bomber und die Feuersbrünste sind. Wird sie den, der so angekündigt wird, als »Sohn« überhaupt akzeptieren können? Brecht wendet sich hier ausdrücklich an die Bewohner der Stadt: »Tödliche Schwärme / Melden euch meine Rückkehr«. Sie müssen, ebenso wie der Rückkehrer selbst, zur Kenntnis nehmen, daß die Rückkehr des Sohnes an die Zerstörung der Stadt gebunden ist.

Das Gedicht nimmt Probleme und Kontroversen vorweg, die nach dem Ende des Krieges die Diskussion über die Rückkehr der Exilanten bestimmen sollten. Die Exilschriftsteller vermißten im Nachkriegsdeutschland die Einsicht in die Notwendigkeit eines fundamentalen Umdenkens; die im Lande Gebliebenen glaubten, es fehle den Exilanten zur selbständigen Urteilsbildung an einer vergleichbaren Leiderfahrung. Die »Bomberschwärme« über Deutschland hatten eher zu einer Trennung zwischen den Vaterstädten und ihren Söhnen geführt als zu ihrer Annäherung.

Auch Brecht kehrte nicht heim. Er lebte und arbeitete seit 1949 als österreichischer Staatsbürger in Ost-Berlin, des

Theaters wegen, das man ihm versprochen hatte. Am 3. September 1949 sah er auf der Durchreise von München nach Berlin seine Vaterstadt Augsburg wieder: »Augsburg etwas zertrümmert, fremd, läßt mich ziemlich kalt«, schrieb er in sein Journal. Eine Rückkehr im Sinne des Gedichts »Die Rückkehr« hat es damals nicht gegeben, geschweige denn einen Empfang. Erst lange nach Brechts Tod bekannte sich Augsburg zu seinem großen Sohn.

VOM SPRENGEN DES GARTENS

O Sprengen des Gartens, das Grün zu ermutigen!
Wässern der durstigen Bäume! Gib mehr als genug. Und
Vergiß nicht das Strauchwerk, auch
Das beerenlose nicht, das ermattete
Geizige! Und übersieh mir nicht
Zwischen den Bäumen das Unkraut, das auch
Durst hat. Noch gieße nur
Den frischen Rasen, oder den versengten nur:
Auch den nackten Boden erfrische du.

Walter Hinderer
Tröstlicher Vorschein auf eine menschlichere Welt

»Vom Sprengen des Gartens« zählt nicht zu den bekanntesten Exilgedichten Bertolt Brechts, aber für mich gehört es seit langem zu seinen schönsten. Ich mag diesen klassischen Odenton, der aus der Ferne an Hölderlin oder Mörike erinnert, die epigrammatische Aktion mit der Kunst der zarten Imperative und verhaltenen Ermahnungen, den fast schüchternen pathetischen Parlandoton, der immer wieder neu ansetzt und es schließlich mit der letzten Zeile zu einer rhythmischen und inhaltlichen Pointe bringt. Ich bewundere, wie Sprachmeister Brecht den daktylischen Grundrhythmus variiert, Pausen und Zäsuren markiert, die Satzstruktur mit Inversionen und Zeilensprüngen verändert und neu akzentuiert.
In diesem Gedicht fällt kein Wort von den »finsteren Zeiten«, in denen angeblich ein »Gespräch über Bäume fast ein Verbrechen ist«. Hatte sich Brecht bei diesen 1942 oder 1943 in Santa Monica, Kalifornien, geschriebenen Versen etwa aus der feindlichen Welt ins Private zurückgezogen? War er gar vor der öffentlichen Tätigkeit in eine häusliche geflüchtet? Eine Antwort auf solche Fragen gibt der schwäbische Dialektiker in seinem Arbeitsjournal am 20. Oktober 1942: »was ich gerne mache, ist das wässern des gartens. merkwürdig, wie das politische bewußtsein all diese alltäglichen verrichtungen beeinflußt. woher sonst kommt die sorge, eine stelle des rasens könnte übersehen werden, die kleine pflanze dort könnte nichts abbekommen oder weniger, der alte baum dort könnte vernachlässigt werden, weil er so stark aussieht. und unkraut oder nicht, wasser braucht, was grün ist, und man entdeckt so viel grünes in der erde, wenn man erst einmal zu gießen anfängt.«
Das, was sich dem oberflächlichen Blick als Idylle präsen-

tiert, ist in Wirklichkeit ein scharf gemeißeltes Gegenbild zu Brechts historischer Situation im kalifornischen Exil. Dem in Europa tobenden Weltkrieg stellt Brecht seine Vorstellung von sozialer Ordnung und Harmonie im Kleinen gegenüber und der »unedlen« banalen Lebensweise seines Gastlandes die vorgefundene und erneuerte Form der europäischen Kulturtradition. Er plädiert im Gedicht für den natürlichen Garten, in dem das Unkraut und der nackte Boden das gleiche Recht auf Bewässerung haben wie die Blumen und der Rasen, und wirbt im übertragenen Sinn für eine humanere, kultivierte Lebensform für alle, ohne Unterschiede.

Gerade in einem Land, in dem nach seiner Erfahrung »das essen, das betrachten der landschaft, das gespräch«, das Schreiben und Lesen eines Buches keinen würdigen Zweck besaß, in dem der »merkantilismus« alles erzeugte und bestimmte, in dem »eine alles depravierende billige hübschheit« einen hinderte, »halbwegs kultiviert, dh würdig zu leben«, in dem selbst die Natur noch etwas Künstliches an sich hatte, erschien ihm ein solches Gedicht als etwas Belebendes, als der tröstliche Zeuge einer anderen Welt. Hatte der Dichter Brecht vor seinem Exil das Geburtsland zugunsten des neuen Kontinents abgewertet und die ästhetischen Erwartungen der deutschen Bildungsbürger mit verfremdenden Banalisierungen gezielt enttäuscht, seine künstlerische Sache mehr oder weniger auf den Gebrauchswert gestellt: in Amerika, wo ihn nach seinen eigenen Worten die »geistige verstümmelung ... physisch krank« machte, seine Person sich »aufzudröseln« begann, entdeckte er zu seinem eigenen Erstaunen die einst geschmähten ästhetischen Werte der heimatlichen Kultur.

So einfach die in diesen neun Zeilen beschworene Tätigkeit, das »Sprengen des Gartens«, auch sein mag, der Lyriker Brecht versteht es, sie dergestalt kunstvoll, inhaltsreich und spannend zu inszenieren, daß sie im Gedächtnis bleibt. Dieses Gedicht wurde ihm, wie er selbst erläutert, nicht nur zu einem heimatlichen »domesticum« in der Fremde, sondern auch zum schönen Vorschein einer menschlicheren Welt in »finsteren Zeiten«.

DAS LIED VON DER MOLDAU

Am Grunde der Moldau wandern die Steine
Es liegen drei Kaiser begraben in Prag.
Das Große bleibt groß nicht und klein nicht das Kleine.
Die Nacht hat zwölf Stunden, dann kommt schon der Tag.

Es wechseln die Zeiten. Die riesigen Pläne
Der Mächtigen kommen am Ende zum Halt.
Und gehn sie einher auch wie blutige Hähne
Es wechseln die Zeiten, da hilft kein Gewalt.

Am Grunde der Moldau wandern die Steine
Es liegen drei Kaiser begraben in Prag.
Das Große bleibt groß nicht und klein nicht das Kleine.
Die Nacht hat zwölf Stunden, dann kommt schon der Tag.

Elisabeth Borchers
Ein Trostlied, ein Wiegenlied

Es ist das Lied der Frau Kopecka, der Wirtin des Wirtshauses »Zum Kelch« in Prag aus dem Stück »Schweyk im Zweiten Weltkrieg«. Wie die Seeräuber-Jenny, als sie ihren kleinen persönlichen rachegelüstenden Traum hatte, singt Frau Kopecka »Das Lied von der Moldau« und spült ihre Gläser dazu.
Wie ein Wiegenlied hebt es an: einfach, still, behutsam. Es fließt, es bewegt sich. Auch die Bewegung der Steine ist einfach, still, behutsam. Sie wandern. Da ist nichts Eiliges, was zur Zeit ankommen muß. Als hätte Brecht gewußt, daß nirgendwo sonst auf der Welt die Steine so wandern können wie hier, daß nirgendwo sonst sich ein Name finden läßt, so weich, so vergessen wie dieses Mol, dieses dau.
Beides, das Fließen und Bleiben des Wassers und der Steine, die die Strömung fortbewegt, ist ohne Ende und Ziel und ohne Bedeutung für die abertausendjährige Geschichte eines Flusses. Ein kleiner beunruhigender Schauder kommt hinzu, denn die Steine sind nicht zu sehen, man muß es schon glauben, daß es sie gibt. Sie wandern dort, wo die Dunkelheit am tiefsten ist. Und tief im Dunkeln sind sie ein Rest; wie die Kaiser, die tief im Dunkeln begraben liegen, seit Jahrhunderten nur noch ein Rest sind von etwas, das einmal groß und mächtig war und dann verging.
Wie kein anderer in der Geschichte des Gedichts – es sei denn, man hörte auf die Sprache, die das Volk dichtete und sang – erfaßt Brecht Vorgänge mit einem kaum wahrzunehmenden Aufwand der Sprache. Wie hier das dialektische Bild der fortdauernden Vergänglichkeit oder der vergänglichen Dauer. Unerträglich ist die Dauer für die, die in Not geraten sind und auf Veränderung warten – denn ewig wandern schon die Steine, fließt der Fluß, ruhen die Kaiser.

Doch dann, in der dritten Zeile der ersten Strophe, macht Brecht diesem Ewigkeitsgedanken ein Ende und zeigt: die Steine und die Kaiser sind gerade der Beweis dafür, daß nichts Bestand hat. Das Große bleibt nicht groß. Also bleibt auch das Kleine nicht klein. Und, als rechnete Brecht angesichts solcher Logik mit der Kleingläubigkeit der Betroffenen und mit ihrer Ungeduld, tritt er nicht nur den Beweis für diese Behauptung an, er rafft auch die Zeit dieses unmenschlichen, von keinem menschlichen Hirn auszuhaltenden Prozesses eines sich unendlich langsam hinziehenden Vorgehens mit kleiner atemberaubender Geste zusammen: »Die Nacht hat zwölf Stunden, dann kommt schon der Tag.«
Wie in allen seinen Werken, so denkt Brecht auch hier historisch und betont »das Moment des Werdens und Vergehens«: »Es wechseln die Zeiten.« Mit dieser Feststellung beginnt die erste Zeile der zweiten Strophe. »Die riesigen Pläne / Der Mächtigen kommen am Ende zum Halt.« Brecht wird nun deutlicher, doch nicht allzu deutlich. Es ist Krieg, die deutschen Truppen haben Prag und nicht nur Prag besetzt. Vertreter des tausendjährigen Reichs kommen und gehen im Wirtshaus »Zum Kelch«. Frau Kopecka sieht und hört, daß die Mächtigen »wie blutige Hähne« einhergehen, ohne Verstand, wie im Rausch. – Aber es hilft nichts, das Lied gibt es ihr ein: »Es wechseln die Zeiten, da hilft kein Gewalt.« Die Geschichte hat es bewiesen, und sie wird es auch diesmal wieder beweisen, Gewalt hilft da nicht, und mögen auch noch so viele untergehen, Menschen wie Städte. Erst muß die Nacht vorbei sein, »dann kommt schon der Tag«. Und nach Art des Volksliedes kehrt das Lied zum Anfang zurück, wiederholt die erste der drei Strophen.
Das »Lied von der Moldau« hat nicht seinesgleichen – es macht geborgen wie ein Wiegenlied, es ist ermutigend wie ein Trostlied, es ist verständlich wie die einfachen großen Gefühle.

GEMEINSAME ERINNERUNG

Nacht auf der Nyborgschaluppe
Frührot im finnischen Ried
Zeitung und Zwiebelsuppe
New York, fifty-seventh Street

Im Paris der Kongresse
Svendborg und Wallensbäk
Londoner Nebel und Nässe
Auf der »Anni Johnson« Deck

Zelt auf der Birkenkuppe
In Marlebaks Morgengraun
O Fahne der Arbeitertruppe
In der Altstadt von København!

Günter Kunert
Vom Fiktiven und vom unfreiwilligen Reisen

Zugegeben: Brechts »Gemeinsame Erinnerung« gehört nicht zu seinen allerbesten Gedichten. Doch es ist aus einem eigentlich unliterarischen Grunde bemerkenswert: Es besitzt ein Pendant, dessen Autor kein anderer ist als Gottfried Benn.
Die »Gemeinsame Erinnerung« (in der sich kein Wort auch nur andeutungsweise auf eine Gemeinsamkeit, auf ein Wir oder Du bezieht) wurde 1943 in der Emigration geschrieben, Benns Gedicht »Reisen« hingegen zum ersten Male 1950 veröffentlicht. Formal, das heißt in Reim und Metrum, sind beide Gedichte fast identisch; Brechts ist um eine vierzeilige Strophe kürzer. Und beide summieren topographische Angaben, freilich mit unterschiedlichem Resümee. Benns Gedicht verklingt in Resignation. Brechts mit einer metaphorischen Anspielung auf die soziale Utopie. Aber beide Male ist der Ursprung des Unternehmens ein »Besuch bei der Welt«.
Brechts Erinnerungen geben sich unpathetisch, fast nüchtern und lassen kaum etwas vom Lebensgefühl des in die Fremde Verschlagenen ahnen: Zweimal findet Erwachen statt, beim »Frührot im finnischen Ried« und in »Marlebaks Morgengraun« im Zelt, das den einzigen Hinweis auf etwas wie Gemeinsamkeit enthält. Den Topoi »Frührot« und »Morgengraun« entspricht hier nicht der aus deutscher Dichtung bekannte »frühe Tod«, vielmehr ein revolutionäres Erwachen: »O Fahne der Arbeitertruppe«. In dieser Wendung, einer Formel aus dem Dunstkreis des sozialistischen Realismus, dessen Forderung sich auf positive Schlüsse kaprizierte, steckt eine Schwäche des Gedichts. Es findet eine Umschaltung statt: Von den Realitäten, konkret und »wertfrei« gesehen, auf ein Symbol: O Fahne. Diese

Fahne ist ein Gegenstand unter den anderen, sie bedeutet etwas, stellt etwas dar und steht für etwas anderes ein: für die Überzeugung, daß das unfreiwillige Reisen letzten Endes seine höhere Rechtfertigung finde. Ein Irrtum, wie ich meine, dem ein andersgearteter Irrtum, mit dem Benns Gedicht schließt, entspricht.

Benns »Reise« ist eine fiktive; wenig von dem Benannten hat er wirklich gesehen: »Bahnhofstraßen und Ruen, / Boulevards, Lidos, Laan – / selbst auf den Fifth Avenuen / fällt Sie die Leere an«. Hier gibt sich der Reisende *sophisticated*, ohne tatsächliche Begründung für sein Gelangweiltsein. Und ich fürchte, Benns lyrische Zurückweisung der Welt resultiert nur aus dem Umstand, sie versäumt zu haben, nach dem Motto: Was ich nicht kriege, will ich auch gar nicht. Wie ärmlicher, pietistischer Selbsttrost klingt das: »Ach, vergeblich das Fahren! / Spät erst erfahren Sie sich: / bleiben und stille bewahren / das sich umgrenzende Ich.« Verteidigt sich dergestalt die »innere Emigration« vor der anklagenden Tatsache der äußerlich erzwungenen, indem sie sich eines eigenständigen Wertes, nämlich der Bewahrung von exklusiver Individualität rühmt? Wird unbewußt ein Alibi angestrebt? Die Verinnerlichung gefeiert?

Extroversion und Introversion: bei Brecht ein subjektloser Monolog, in welchem Stationen einer Biographie die Basis bilden, wobei der Biograph seiner selbst so weit in seinem Stoff aufgeht, daß nichts Eindeutiges von ihm übrigbleibt, während bei Benn der Dialog scheinhaft ist und die Rede sich nur an das eigene Ich wendet, dem, Höhepunkt der Selbstbezogenheit, eine Erfahrung zugeschrieben wird, die es gar nicht gemacht hat.

Wie oft haben wir gehört, die Intentionen des Autors bestimmten auch seine Schreibweise, seine Ästhetik, seine Ausdrucksformen. Angesichts dieser beiden so gegensätzlichen Gedichte, die dennoch mit der gleichen Nadel genäht zu sein scheinen, muß man, um einen Brecht-Titel zu variieren, nach der Willfährigkeit der Literatur (in Hinsicht auf ihre Mittel) fragen. Schreibt sich die Form nicht mehr selber zwingend vor, so ist es vielleicht auch mit unseren Intentionen nicht sehr weit her, deren Schwäche sich durch den Griff in den Fundus des »lyrischen Schatzkästleins« aller Epochen und Gegenden kundtut.

DER BAUCH LAUGHTONS

Sie alle verschleppen ihre Bäuche
Als wäre es Raubgut, als würde gefahndet danach
Aber der große Laughton trug ihn vor wie ein Gedicht
Zu seiner Erbauung und niemandes Ungemach.
Hier war er: nicht unerwartet, doch nicht gewöhnlich
Und gebaut aus Speisen, ausgekürt
In Muße, zur Kurzweil
Und nach gutem Plan, vortrefflich ausgeführt.

Peter von Matt
Der Körper als Kunstwerk

Man achte auf das Wortspiel in der dritten Zeile. Der englische Schauspieler Charles Laughton besaß einen mächtigen Bauch. Das wissen einige Kinogänger noch aus seiner legendären Verkörperung König Heinrichs VIII. Die meisten aber wissen es seit seiner Rolle als Strafverteidiger in dem Film »Zeugin der Anklage« mit Marlene Dietrich. Brecht lernte Laughton 1944 in Kalifornien kennen. Die beiden kamen einander näher. Sie arbeiteten zusammen an der Übersetzung des »Galilei«, und Laughton spielte die Titelrolle bei der Uraufführung des Stücks in Beverly Hills. Das war im Jahr 1947. Im Publikum saßen Charles Chaplin und Ingrid Bergman, Anthony Quinn, Gene Kelly und Frank Lloyd Wright.

Laughton besaß einen großen Garten am Rand einer Felswand über dem Pazifik. Er pflegte ihn mit Leidenschaft und täglicher Sorge. Gelegentlich stürzte ein Stück der Anlage ab. Dann flüchtete sich Laughton zu Brecht, um bei ihm zu trauern. Der Dichter schrieb ein langes Gedicht über diesen Garten, »Garden in progress«. Am Schluß erwähnt er die Erdrutsche und schließt mit dem Satz: »Anscheinend / Bleibt nicht mehr viel Zeit, ihn zu vollenden.«

Garden in progress spielt an auf *Work in progress*. So wollte Brecht das Kunstwerk verstanden wissen: immerzu in Veränderung. Laughtons Garten wird durch diesen Titel symbolisch für alle Kunst. Der ironische Schluß, der die Vollendung mit dem Untergang zusammen sieht, bezieht Position gegen die Vorstellung vom Ewigkeitscharakter der großen Werke. Aere perennius, dauerhafter als Erz, hatte Horaz seine Dichtungen genannt. Da hatte Brecht etwas dagegen. Wirklich?

Man achte auf das Wortspiel in der dritten Zeile. Während sich die meisten Bauchträger ihrer Leiblichkeit schämen und sie zu verstecken suchen, als hätten sie sie gestohlen, macht Laughton es anders. Er trägt seinen Bauch »vor wie ein Gedicht«. Das Wortspiel operiert mit dem Doppelsinn von »vortragen«: rezitieren oder vorantragen, vor sich her tragen. Laughton war ein großer Rezitator. Er las Shakespeare-Stücke in kleinem Kreis vor. So einmal in Anwesenheit Brechts den »Sturm«. Brecht notierte sich zu Hause: »Er hockt vor einer herrlichen Standuhr in bayerischem Barock, auf einem weißen Sofa, mit gekreuzten Beinen, so daß nur sein buddhaähnlicher Bauch sichtbar ist, und liest . . .« Shakespeare und Buddha und der bayerische Barock: viele Mythen des Bertolt Brecht schießen da zusammen und werden gegenwärtig in dem eminenten Bauch. Kurz nach diesem Abend entstand das Gedicht.

Indem der große Rezitator seinen Bauch »vorträgt«, wie er auch Shakespeare vorträgt, wird der Körper zu einem Kunstwerk. Laughtons Garten und Laughtons Bauch, beide verwandeln sich in Brechts Gedichten zu Sinnbildern der Kunst. Deshalb kann vom Bauch gesagt werden, was auch von einem guten Stück gilt: Er sei »nach gutem Plan, vortrefflich ausgeführt«. Dieser Plan ist die kühnste Behauptung des Gedichts. Nicht nur habe Laughton seine Speisen sorgsam ausgewählt, heißt das, sondern er habe dabei auch stets an die wachsende Wölbung seines Leibes gedacht und sie von Mahl zu Mahl in eine bessere Form gebracht.

Aber doch alles nur sich selbst zulieb und aus Freude am Genuß – »in Muße, zur Kurzweil, zu seiner Erbauung«. Soll das denn nun auch für das Kunstwerk gelten? Wird da die Metapher nicht frivol? Im Gegenteil. Brechts sublimste Utopie zeichnet sich hier ab. Wenn eines Tages jede Arbeit Genuß ist und jeder Genuß produktive Arbeit, dann rückt das Ziel der Geschichte, die »große Produktion«, in Sichtweite. Etwas davon nimmt Charles Laughton vorweg in der Erschaffung seines Bauches.

Aus der vergänglichsten aller Künste, der Kochkunst, hat Laughton sein abgerundetes Kunstwerk geschaffen. Der Bauch wird zum Denkmal zahlloser vollkommener Mahlzeiten. Doch auch dieses Monument ist vergänglich. Es hält nur wenige Jahrzehnte vor. Und da tritt nun Bertolt Brecht ein und erbaut mit seinen Versen diesem vergänglichen Monument seinerseits ein dauerhaftes Denkmal. Wenn nicht aere perennius, so doch gewiß ventre perennius, dauerhafter als jeder Bauch. Erscheint nicht sogar Laughtons Silhouette in der typographischen Umrißlinie des Gedichts?

O LUST DES BEGINNENS

O Lust des Beginnens! O früher Morgen!
Erstes Gras, wenn vergessen scheint
Was grün ist! O erste Seite des Buchs
Des erwarteten, sehr überraschende! Lies
Langsam, allzuschnell
Wird der ungelesene Teil dir dünn! Und der erste
Wasserguß
In das verschweißte Gesicht! Das frische
Kühle Hemd! O Beginn der Liebe! Blick, der wegirrt!
O Beginn der Arbeit! Öl zu füllen
In die kalte Maschine! Erster Handgriff und erstes
Summen
Des anspringenden Motors! Und erster Zug
Rauchs, der die Lunge füllt! Und du
Neuer Gedanke!

Reinhold Grimm
Ode an den Alltag

Unumwunden, hemmungslos gestehe ich: ich liebe dieses Gedicht. Wenn mich die dumpfe Unlust des Endes packt, wenn Ekel und Verzweiflung an Welt und Leben oder einfach die üble Laune des an seinen Schreibtisch, in seine Bücherzelle Gebannten, die alte Mönchskrankheit der *acedia*, mich zu übermannen drohen: immer dann lese ich »O Lust des Beginnens«.

Diese dreizehn scheinbar so kargen Zeilen sind von einer unbändigen Fülle und Frische, sind selber wie ein Wasserguß, sind Kühlung, Labsal, Erquickung. Nichts ist mir heilsamer und stimmt mich heiterer in der Öde unseres Alltags als diese Brechtsche Ode. Ich lese sie: leise und nur die Lippen bewegend, laut und langsam skandierend, stets genußvoll und allmählich, trotz allem, fröhlich. Letzten Endes koste ich diese »Lust des Beginnens« auf der Zunge nicht weniger als im Hirn. Frühere Jahrhunderte hätten gesagt, ich »erbaue« mich an Brechts Versen. Doch weil ihnen jedwedes Feierliche oder Weihevolle, jegliches Pathos im üblichen Sinne so gänzlich abgeht, füge ich eilig und englisch und mit angelsächsischem *understatement* hinzu: *They give me an uplift.*

Freilich, womit soll man seinerseits, um die Eigenart und Schönheit von Brechts Versen zu schildern, beginnen? Muß nicht selbst den Kenner erstaunen, was dieses Gedicht auf engstem Raum mitteilt? Wahrhaft allumfassend wird die Lust des Beginnens in seinen dreizehn Zeilen wiedergegeben. Die Natur im Tageslauf (der frühe Morgen) wie im Jahreslauf (das erste Grün) kommt darin zur Sprache, desgleichen das Naturhafte am Menschen, dessen Zeugung.

Ebenso ist aber auch das spezifisch Menschliche, das Nicht-Natürliche am Menschen – und zwar ganz folgerichtig für

Brecht, den marxistischen Dichter – darin enthalten: nämlich die Arbeit. Das verschweißte Gesicht, der kühlende Wasserguß, das frische Hemd künden von körperlicher Anstrengung, das begierig geöffnete Buch und der neue Gedanke von geistiger Tätigkeit.
Lustvoll indes, daran läßt Brecht keinen Zweifel, ist beides: insbesondere eben die Erkenntnis, der er mit unstillbarem Wissensdurst verhaftet blieb, die wieder und wieder aufs neue für ihn begann. Ja, sogar die technische Welt der Maschine (will sagen des Autos, mitsamt dem Drehen des Zündschlüssels, dem Anspringen und ersten Summen des Motors) ist fugenlos in diese Brechtschen Verse eingegangen, ist gegenwärtig in seiner Alltäglichkeit und doch in lyrischer Schönheit. Nicht einmal die sogenannten Laster, die ja die wahren Freuden des Lebens auf dieser Welt sind, fehlen: denn auch Zigarre oder Zigarette und das wohlige Gefühl des tief in die Lunge eingesogenen ersten Rauches gehören, wie sehr uns die Ärzte warnen mögen, zur Lust des Beginnens.
Goethe meinte von einem der großen, reichen, makellosen Dramen Calderóns, man würde daraus die gesamte Poesie, sollte sie wirklich einmal verlorengegangen sein, rekonstruieren können. War er vielleicht allzu überschwenglich, so bin jedenfalls ich gerne dreist genug, um in ähnlichem Sinne zu behaupten, man könne aus solch einem kleinen, kargen, doch nicht minder makellosen Versgebilde Bertolt Brechts die volle Ganzheit dieses Dichters, sein Wesen als Mensch wie als Denker und Künstler, erahnen – und notfalls rekonstruieren, selbst wenn der Rest seines Schaffens, alle zwanzig Bände seiner Werkausgabe, unwiederbringlich verloren wären. »Neu beginnen«, wußte Brecht, »kannst du mit dem letzten Atemzug.«

EIN NEUES HAUS

Zurückgekehrt nach fünfzehnjährigem Exil
Bin ich eingezogen in ein schönes Haus.
Meine Nō-Masken und mein Rollbild, den Zweifler
zeigend
Habe ich aufgehängt hier. Fahrend durch die Trümmer
Werde ich tagtäglich an die Privilegien erinnert
Die mir dies Haus verschafften. Ich hoffe
Es macht mich nicht geduldig mit den Löchern
In denen so viele Tausende sitzen. Immer noch
Liegt auf dem Schrank mit den Manuskripten
Mein Koffer.

Helmut Koopmann
Der Besitz des Reisenden

Die Häuser, in denen Brecht im Exil wohnte, standen in Prag, Stockholm, Moskau, London, Paris, New York, Los Angeles: auf dem Lande in Dänemark und Finnland. Daß er öfters die Länder als die Schuhe gewechselt habe, glaubt man ihm mehr als anderen. Im Grunde das Leben eines Obdachlosen. Ein Haus mit einem großen Garten hatte er schon einmal besessen: sieben Wochen lang. Es waren, wie er in einem Gedicht 1933 schrieb, »sieben Wochen echten Reichtums«. Er verließ es, floh über die Grenze. Bilder im Exil zeigen ihn unter dem dänischen Strohdach, in New Yorks Hochhauswüste, vor einem unscheinbaren Haus in Los Angeles: immer nur flüchtig bewohnt, er selbst alles andere als ein »hartnäckiger Villenbesitzer«, für den Thomas Mann galt. Das Gedicht über »Die Auswanderung der Dichter« beginnt mit der Feststellung, daß Homer kein Heim hatte. Brecht hatte viele – aber sie waren nicht eigentlich die seinen.

Als er 1948 nach Berlin zurückkehrt, hat er für seine frühere Stadt nur sarkastische Formulierungen: »eine Radierung Churchills nach einer Idee Hitlers« oder auch: »der Schutthaufen bei Potsdam«; eine Ruinenstadt. Am 23. Oktober 1948 notiert er: »gestern abend sahen wir nur bei einfahrt im dunkeln die ruinen der friedrichstraße undeutlich. früh sechs uhr dreißig gehe ich die zerstörte wilhelmstraße hinunter zur reichskanzlei. sozusagen meine zigarre dort zu rauchen. ein paar arbeiter und trümmerweiber. die trümmer machen mir weniger eindruck als der gedanke daran, was die leute bei der zertrümmerung der stadt mitgemacht haben müssen.«

In Buckow findet er sein neues Haus, und er genießt seine Exklusivität – ein wenig schlechten Gewissens ob der anderen, die in den Trümmerlöchern hausen. Ein Ort fast jenseits der Zeit. »berlin ein hexensabbat, wo es auch noch an besenstielen fehlt«, hat er über die Nachkriegsstadt in sein Arbeitsjournal notiert: ein Gomorrha, das den Brand überstanden hatte. Doch Brecht fährt durch die Trümmerlandschaft nur hindurch, auf dem Weg zum Theater.

Er hätte es für töricht gehalten, auch in ein Trümmerloch zu ziehen. Aber die Lehren der Erfahrung sind dennoch in Buckow miteingezogen. Der Zweifler: das ist er selbst, und das Exil hat ihn gelehrt, was alles zu bezweifeln ist. Vor allem: es hat ihm seine Existenz als transitorisch gezeigt. Die Manuskripte sind noch nicht ausgepackt, der Koffer bleibt sichtbares Zeichen eines Lebens, das sich als unterwegs begreift. »Ich bin nicht gern, wo ich herkomme. Ich bin nicht gern, wo ich hinfahre«, heißt es im Gedicht »Der Radwechsel« und: »Warum sehe ich den Radwechsel / Mit Ungeduld?«

Es ist die Ungeduld des Reisenden, und sie bleibt bei Brecht, auch in seinem schönen Haus. Die Lust am Besitz hat er übrigens schon früh nach dem Verlassen Deutschlands verloren. »Ich ging ohne Bedauern, oder mit geringem Bedauern«, hieß es in »Beim Lesen von ›Zeit meines Reichtums‹«. Der Exilant bleibt unbehaust, mag sein Haus noch so bequem sein. Brecht hat damit, nicht ohne Selbstgenuß und nicht ohne Zweifel an diesem, am Ende aber doch noch mehr beschrieben – das Vorübergehende auch unserer Existenz, in scheinbar kunstlosen Versen.

AN MEINE LANDSLEUTE

Ihr, die ihr überlebtet in gestorbenen Städten
Habt doch nun endlich mit euch selbst Erbarmen!
Zieht nun in neue Kriege nicht, ihr Armen
Als ob die alten nicht gelanget hätten:
Ich bitt euch, habet mit euch selbst Erbarmen!

Ihr Männer, greift zur Kelle, nicht zum Messer!
Ihr säßet unter Dächern schließlich jetzt
Hättet ihr auf das Messer nicht gesetzt
Und unter Dächern sitzt es sich doch besser.
Ich bitt euch, greift zur Kelle, nicht zum Messer!

Ihr Kinder, daß sie euch mit Krieg verschonen
Müßt ihr um Einsicht eure Eltern bitten.
Sagt laut, ihr wollt nicht in Ruinen wohnen
Und nicht das leiden, was sie selber litten:
Ihr Kinder, daß sie euch mit Krieg verschonen!

Ihr Mütter, da es euch anheimgegeben
Den Krieg zu dulden oder nicht zu dulden
Ich bitt euch, lasset eure Kinder leben!
Daß sie euch die Geburt und nicht den Tod dann schulden:
Ihr Mütter, lasset eure Kinder leben!

Wolfgang Werth
Eine gereimte Rede für den Präsidenten

Herr Keuner, gefragt, wie er verfahre, wenn er ein Gedicht für das Staatsoberhaupt zu schreiben habe, würde antworten: »Ich schreibe es und sorge, daß es ihm entspricht.« – »Das Gedicht?« – »Nein, das Staatsoberhaupt.«
So auch Keuners Erfinder. Am 2. November 1949 gratuliert er dem bereits drei Wochen zuvor gekürten Präsidenten der neuen, provisorischen Republik: »Lieber Genosse Wilhelm Pieck, darf ich Dir, um meine Freude über Deinen Amtsantritt auszudrücken, ein kleines Gedicht schicken, dessen Sprecher Du noch viel besser sein könntest als der Dichter? Sehr herzliche Grüße, auch von Helli, Dein bertolt brecht.« Beigelegt ist die flehentlich formulierte, mit der Widmung »Bertolt Brecht für Wilhelm Pieck« versehene Ansprache »An meine Landsleute«. Ihr Titel nimmt die Begrüßungsformel auf, mit der sich Pieck an die Deutschen in Ost und West zu wenden pflegt.
Und die vier Strophen nehmen ihn beim Wort – beim Eid, den er auf die Verfassung der DDR geschworen hat: »Friedliebend« vor allem soll diese Republik sein und demokratisch, auf daß sie sich allen Deutschen als Modell für den dermaleinstigen Einheitsstaat empfehle (»Anmut sparet nicht noch Mühe, Leidenschaft nicht noch Verstand, daß ein gutes Deutschland blühe«, empfiehlt Brecht in seiner ebenfalls im Oktober 1949 entstandenen, ebenfalls an die Landsleute gerichteten Paraphrase des Deutschlandliedes).
Brecht und seine Frau Helene (Helli) Weigel haben Pieck als freundschaftlichen, lebhaft an ihren Plänen und Überlegungen interessierten Gesprächspartner schätzengelernt, als sie 1948, vor der endgültigen Rückkehr aus dem Exil, die Möglichkeiten sondierten, in Ost-Berlin für ganz Deutschland das »Theater des neuen Zeitalters« zu eröffnen. Was Wun-

der, daß der Dichter den nunmehrigen Präsidenten für den richtigen Mann im wichtigen Amt hält: kein kalter Funktionär, sondern ein potentieller Landesvater, dem er helfen möchte, Popularität zu erlangen.
Schon bei den Kleinen will er für ihn werben – zum Beispiel mit dem Kinderlied »Willems Schloß« (das freilich erst aus dem Nachlaß ans Licht kommen wird). Von diesem Wilhelm Pieck erwartet Brecht, daß er die Landsleute wirksam zu der strikt pazifistischen Haltung ermahnen werde, die das ihm so nachdrücklich zugeeignete »kleine Gedicht« predigt. Der Präsident wäre die viel bessere Besetzung für die Sprecherrolle, weil er, anders als der Autor, über die Autorität verfügt, das Textbegehren als Staatsziel zu beglaubigen. Die Bitte an die Landsleute, nicht in neue Kriege zu ziehen, bliebe ja rein rhetorisch, wenn den Angesprochenen nicht das demokratische Grundrecht zuerkannt würde, über ihr Wohl und Wehe selbst zu entscheiden. Deshalb ist das Gedicht auch ein Appell an Pieck: Er möge Sorge tragen, daß die den Ostdeutschen vorerst nur verordnete Republik ihre Legitimation (durch die für Oktober 1950 angesetzten »Volkswahlen«) erfahre.
Dahingestellt bleibt, ob Brecht wirklich hofft oder gar erwartet, Pieck werde die gereimte Rede öffentlich vortragen. Komische Nebenwirkungen wären kaum auszuschließen, zumal da die vier Strophen in ihrer quasiliturgischen Struktur, ihrem altertümelnd-kirchennahen Vokabular und Gestus eher einem Gebet, einer Anrufung (oder den »Bittgängen« der »Hauspostille«) ähneln als einem politischen Aufruf. Es würde genügen, wenn Pieck seine Zustimmung zum Text bekundete.
Die aber bleibt aus. Schon bald wird sich Brecht belehren lassen müssen, daß unbedingter Pazifismus von Übel, weil dem Klassenfeind dienlich sei. Das »Verhör des Lukullus« muß er zur »Verurteilung« umschreiben. Immerhin hindert

ihn niemand daran, das für ihn so wichtige Gedicht als seine persönliche Bittschrift unter die Landsleute zu bringen, was er auch immer wieder tut. Doch wen und was kann er damit erreichen? Nach den »Volkswahlen« von 1950 durften sich die DDR-Bürger gar nicht mehr angesprochen fühlen, da sie ja, angeblich aus Einsicht, nahezu hundertprozentig für den »Friedensstaat« und mithin für den richtigen Frieden votiert haben. (Weh dem, der sich später, nach Anordnung der Wehrpflicht, auf Brecht berufen und sich weigern wollte, für die gerechte Sache »zum Messer« zu greifen!)
Im Westen aber wird das Gedicht als DDR-Propaganda zurückgewiesen, sogar von Brechts Freund und Verleger Peter Suhrkamp. Daß es als Beitrag zum Friedenskampf außerhalb der DDR tauge, meint wohl auch Wilhelm Pieck, der Brecht am zweiten Jahrestag der DDR den Nationalpreis erster Klasse überreicht. Die Verleihungsurkunde rühmt den Dichter als einen, der hilft, »den Kampf für den Frieden zu führen«, und nennt unter den dazu tauglichen Dichtungen ausdrücklich auch »An meine Landsleute«. Erst als 1964, acht Jahre nach Brechts, vier Jahre nach Piecks Tod, der oben zitierte Brief vom 2. November 1949 veröffentlicht wird, erfahren beider Landsleute, was der Dichter angestrebt und was der Präsident unterlassen hatte.

ALS ICH NACHHER VON DIR GING

Als ich nachher von dir ging
An dem großen Heute
Sah ich, als ich sehn anfing
Lauter lustige Leute.

Und seit jener Abendstund
Weißt schon, die ich meine
Hab ich einen schönern Mund
Und geschicktere Beine.

Grüner ist, seit ich so fühl
Baum und Strauch und Wiese
Und das Wasser schöner kühl
Wenn ich's auf mich gieße.

Marcel Reich-Ranicki
Das große Heute

Was bleibt von der deutschen Dichtung des zwanzigsten Jahrhunderts? Da es sich dem Ende nähert, wird die Frage immer häufiger gestellt. Doch läßt sie sich überhaupt nicht beantworten. Natürlich können wir sagen, was uns von dieser Literatur heute besonders wichtig vorkommt, aber wie die Welt in fünfzig oder gar hundert Jahren beschaffen sein wird, weiß niemand. Schon deshalb ist es nicht voraussehbar, ob man sich für die Poesie unserer Epoche interessieren und wie man sie beurteilen wird.

Die Frage: Was bleibt? ist also müßig. Und dennoch reizvoll. Weil sie uns, was immer die Nachgeborenen denken werden, doch zwingt, unsere Anschauungen zu überprüfen. Wird man Kafka so schätzen und bewundern, wie wir Hölderlin und Büchner schätzen und bewundern? Es ist schon wahrscheinlich.

Wie aber wird es dem Werk Bertolt Brechts ergehen? Werden seine Theaterstücke, die nicht zu Unrecht eine enorme Rolle gespielt haben und die zum großen Teil jetzt schon vergessen sind, je eine Renaissance erleben? Ich bin nicht sicher. Und seine Lyrik? Ich liebe nach wie vor viele Gedichte von Brecht, ich liebe sie ungleich mehr als jene von Trakl und Stefan George, ja sogar von Rilke – und ich kann mir ein Deutschland nicht vorstellen, dem seine Dichtung gleichgültig sein könnte. Daß zu ihren Höhepunkten erotische Verse gehören, ist allgemein bekannt. Doch was zeichnet sie vor allem aus? Vielleicht die ganz selbstverständliche und daher immer aufs neue verblüffende Einheit von volksliedhafter Schlichtheit und raffinierter Artistik, von Alltagssprache und Poesie.

Das Gedicht »Als ich nachher von dir ging« stammt aus dem 1950 für den Komponisten Paul Dessau geschriebenen Zyklus »Vier Liebeslieder«, bestimmt für eine Singstimme und Gitarre. Sie wurden 1953 uraufgeführt und zunächst im Programmheft zu diesem Konzert gedruckt. In Brechts ursprünglicher Niederschrift lautete der Titel dieses Gedichts: »Lied einer Liebenden«. Doch von der Liebe spricht die Liebende nicht. So ist es meist in der erotischen Dichtung: Sie benennt nicht ihr Thema, sie umschreibt es.

Das Mädchen berichtet, es habe in einer Abendstunde etwas erlebt, wodurch seine Sicht verändert worden sei. Und dies in zweifacher Weise: Es sieht nun alles besser und anders zugleich. Was ist denn gemeint, was hat sich in dieser Stunde abgespielt? Darüber möchte das Mädchen nicht so direkt sprechen (»weißt schon, die ich meine«). Jedenfalls war es davon ganz in Anspruch genommen – so sehr, daß es nicht recht wahrnehmen konnte, was ringsherum war: Erst »nachher«, als es von jenem wegging, den es besuchte, fing es wieder an, richtig zu sehen.

Kann man da noch zweifeln, was sich dort ereignet hat? Waren die beiden miteinander im Bett? Natürlich, doch war es nicht etwa ein alltägliches Beisammensein, vielmehr ein außergewöhnliches Erlebnis: Es machte den Tag zum »großen Heute«. Kurz und gut: Vermutlich hat das Mädchen in jener Abendstunde die Jungfräulichkeit eingebüßt. Da diese Vokabel gar zu betulich und altmodisch klingt, verwenden wir meist ein lateinisches Wort: »Defloration«, zu deutsch »Entblühung«. Nur trifft es nicht recht zu, weil in Wirklichkeit gerade das Gegenteil eintritt: Der erste Geschlechtsverkehr hat in der Regel nicht Entblühung zur Folge, sondern Erblühen: Es ändert sich das Verhältnis zur Welt.

Jetzt sieht sie, die Liebende, um sich lauter lustige Leute, grüner scheinen ihr Baum und Strauch und Wiese, alles ist anders geworden. Ihr Selbstvertrauen ist gewachsen – sie glaubt schon, einen schönern Mund und geschicktere Beine zu haben. Ohne die Liebe auch nur mit einem Wort zu erwähnen, zeigt Brecht, was sie zu bewirken vermag – eine überraschende Intensivierung unseres Lebensgefühls, eine ungeahnte Steigerung unseres Daseins. Das kann man auch knapper ausdrücken: Er zeigt das Glück der Liebe.

Diese Verse kennen keinen Widerspruch zwischen Geradlinigkeit und Charme, zwischen Direktheit und Zartheit. Als er sie schrieb, war Brecht zweiundfünfzig Jahre alt, also längst ein reifer Poet – aber einer, der ein Liebender geblieben ist, vielleicht sogar ein jugendlich Liebender.

SIEBEN ROSEN HAT DER STRAUCH

Sieben Rosen hat der Strauch
Sechs gehörn dem Wind
Aber eine bleibt, daß auch
Ich noch eine find.

Sieben Male ruf ich dich
Sechsmal bleibe fort
Doch beim siebten Mal, versprich
Komme auf mein Wort.

Sibylle Wirsing
Der Zauberspruch

Obwohl die große kommentierte Berliner und Frankfurter Ausgabe zu den Versen »Sieben Rosen hat der Strauch« anmerkt, daß Brecht sie 1950 für seine Mitarbeiterin Käthe Rülicke geschrieben hat, könnte der Gruß auch ein Rundschreiben an alle seine Frauen gewesen sein. Denn er enthält eine prinzipielle Botschaft. Die erste Strophe handelt von der Genügsamkeit am Beispiel der Rosenblüte. Der Liebhaber will den Strauch nicht abernten, sondern sich von der Sorte nur ein Exempel sichern. Schon ein zweites, darf man folgern, wäre für ihn eine Doublette. In der folgenden Strophe behauptet er seine Gesamtforderung trotz allem. Die Adressatin bleibt an ihn gebunden, auch wenn er sich rar macht. Ihr Ausscheiden aus seinem Dienst kommt nicht in Frage.
Aber warum die Liedform für das Reglement? Ist die Verordnung so irrational, daß der Gesetzgeber zu ihrer Mitteilung nach »Des Knaben Wunderhorn« greifen muß? Eine Wortmelodie erklingt wie Romantik, aus der er hervortritt, um sein Fernbleiben zu statuieren. Es ist motivlos, gleichsam gottgegeben, ein Faktum, mit dem die Liebste desto weniger rechnen kann, als kein Anflug eines Bedauerns oder einer Entschuldigung sein Schreiben begleitet. Was er treibt, während sie blüht, zeigt ihr das Papier. Er macht Verse a-b-a-b.
Die sieben Schönheiten gelten ihm gleich, aber an seinen acht Zeilen hat er gebosselt wie an acht Pfeilen: jeweils zwei und zwei, der Vierheber und der Dreiheber im lakonischen Wechsel und die Reimpaare männlich und bündig. Spottet seine Kunst der weiblichen Natur? Von weit her tönt aus dem Schatz der deutschen Poesie die Mädchenklage herüber: »Heute, nur heute bin ich so schön.«
Seinen Frauen bleibt nichts weiter übrig, als sich aufzusparen, bis er die Pfänder einsammelt. Statt Briefmarken, Mün-

zen oder Insekten wählt er die poetische Metapher, die Rose, von jedem Strauch eine. Und bittet sich aus, daß sie im akuten Moment am Platz sei. Aber wie die Abmachung funktionieren soll, läßt er offen.

Für eine törichte Jungfrau ist das Unglück programmiert. Sie muß meinen, daß sie ihre Reize bis auf den siebenten Teil vergeuden und ihre Wachsamkeit vorerst vernachlässigen könne. Am Ende steht sie unweigerlich mit leeren Händen da und hat den Appell verpaßt. Dagegen wird sich die kluge Jungfrau von vornherein hüten, auch nur den mindesten Teil zu verschwenden. Lieber läßt sie die Pracht verdorren. Und mögliche Anrufer, die ihr in die Quere kommen, ersucht sie jedes Mal, die Leitung freizugeben. Denn sie erwartet ja den verheißenen Anruf: den seinen. Wann er kommen wird, steht allerdings in den Sternen. Heute, morgen oder zu Ostern in einem Jahr? Das Warten auf Brecht kehrt in den Biographien seines gesamten weiblichen Personals als Folter wieder. Der Schmerz, verbunden mit der Seligkeit, ihn im Garten des Herrn zu erdulden.

Im musterhaften Gedicht gesellt der Gärtner zum Tonfall das Prinzip. Beide sind altertümlich und für ihn vorteilhaft. Der Charme begünstigt das verordnete Hangen und Bangen, das die beste und billigste Methode ist, um Hörigkeit zu erzeugen. Abwarten und hoffen macht seine Geschöpfe gefügig. Daß er sie nicht vergeblich harren läßt, suggeriert ihnen sein Zauberspruch: *Sieben Rosen hat der Strauch*.

Der Dramatiker Brecht befürwortet in seinem sowjetischen Märchenstück »Der kaukasische Kreidekreis« die Güterverteilung im Sinn des Objekts. Das Kind soll der mütterlichen Betreuerin gehören und das fruchtbare Tal demjenigen Kollektiv, das es am besten bestellt hat. Von einer Wirtschaft, die den größten Teil der Ernte dem Wind überläßt, ist dort nicht die Rede. Folglich müßte auch über den Rosenstrauch neu nachgedacht werden.

KINDERHYMNE

Anmut sparet nicht noch Mühe
Leidenschaft nicht noch Verstand
Daß ein gutes Deutschland blühe
Wie ein andres gutes Land.

Daß die Völker nicht erbleichen
Wie vor einer Räuberin
Sondern ihre Hände reichen
Uns wie andern Völkern hin.

Und nicht über und nicht unter
Andern Völkern wolln wir sein
Von der See bis zu den Alpen
Von der Oder bis zum Rhein.

Und weil wir dies Land verbessern
Lieben und beschirmen wir's
Und das liebste mag's uns scheinen
So wie andern Völkern ihrs.

Iring Fetscher
Leidenschaftlich, aber kontrolliert

Brechts Kinderhymne ist das schönste Deutschlandlied, das ich kenne. Es scheint ganz einfach und ist doch weise durchdacht. Das »Deutschland, Deutschland über alles« hatte einmal den Überschwang des subjektiven Gefühls ausdrücken sollen: mir geht mein Vaterland über alles, aber die Maßlosigkeit der Wilhelminischen Ära und das Verbrechen der Nazis gaben dem »über alles« einen anderen Sinn, als habe der Dichter sagen wollen, dieser Staat solle über alle anderen herrschen, seinen Eigennutz über alle erheben. Dem Katzenjammer der Niederlage folgte die Unterwürfigkeit der Besiegten. »Man hat sie entweder an der Gurgel oder zu seinen Füßen.« So ähnlich hat sich Churchill einmal über die Deutschen geäußert.

Brechts Kinderhymne ist ganz auf den Ton der »Gleichheit« Deutschlands mit andren Ländern gestimmt: Schon in der ersten Strophe heißt es »Wie ein andres gutes Land«, in der zweiten wird der Gedanke aufgenommen »Uns wie andern Völkern ...«, und in der dritten ist dann klar die Antithese zum »über alles« der Chauvinisten formuliert, aber zugleich auch die zur Servilität der Besiegten: »nicht über und nicht unter / Andern Völkern wolln wir sein«.

Während Hoffmann von Fallerslebens Hymne eine feierliche Beschwörung des lyrischen Individuums darstellt, spricht in Brechts Kinderhymne das »wir« ähnlich wie in der Marseillaise, wenn auch weit friedlicher und stiller. Von der zweiten Strophe an ist dieses »wir« präsent: im »uns«, in der dritten heißt es »wolln wir sein«, in der vierten »weil wir ... verbessern«. Das ist eine bewußt gestaltete Steigerung von der passiven Entgegennahme der Hände der andren Völker über das »wolln wir sein« und »wir ... verbessern«, zum aktiven, Liebe begründenden und aus Liebe kommenden Tun.

So bewußt wie der Gang des Liedes ist jede Strophe gestaltet. In der ersten wird schon auf das »Verbessern« in der letzten vorausgedeutet und die Ausbalanciertheit der Haltung umschrieben. Dieses Verbessern soll mit Anmut und Mühe, unverkrampft, aber doch mit Anstrengung erfolgen, leidenschaftlich – aber kontrolliert durch den nüchternen Verstand. Solche Ausgeglichenheit und Ausgewogenheit ist das Unterpfand dafür, daß jene Wendung in der Einstellung anderer Völker eintritt, die dann nicht mehr vor uns erbleichen »wie vor einer Räuberin«. Dies ist die einzige Stelle der Hymne, in der auf die damals (1950) noch so junge Nazivergangenheit andeutungsweise hingewiesen wird.
Vielleicht wird von hier aus auch klar, warum die Hymne eine »Kinderhymne« ist. Sie kann ja kaum von denen gesungen werden, vor denen – zu Recht – die Völker schreckhaft erbleichten. Es ist das Lied der neuen Generation, von der nicht nur Brecht hoffte, sie werde dieses Land verbessern. Keine Hymne für Kinder, sondern das Lied, das die Kinder singen (können). Und nur sie. Sie sind es auch, die sich von dem »über alles« abkehren, um ein Volk unter Völkern zu sein. Sie nur dürfen zum Schluß erklären, »das liebste mag's uns scheinen«, weil sie es verbessern. Welch besseren Grund gäbe es für Liebe zu einem Land als den, daß man es »verbessert«? Brechts Lied ist eine demokratische Hymne.
Brecht drückt sich hier weit bescheidener aus, als es einer dogmatisch gedeuteten marxistischen Theorie entspräche. Dieses »gute Land« wird kein Paradies, aber es wird verbessert werden und stets verbesserungsbedürftig bleiben. Aus der verbessernden Arbeit rührt unsere Bindung an dieses Land und die Bereitschaft, es zu hüten und »zu beschirmen«. Das mag als Bereitschaft zur Abwehr äußerer Feinde gedeutet werden oder auch als Absage an solche, die das Verbessern nicht zulassen wollen. Es gibt wohl keine

Hymne, die die Liebe zum eigenen Land so schön, so rational, so kritisch begründet, und keine, die mit so versöhnlichen Zeilen endet.

DIE PAPPEL VOM KARLSPLATZ

Eine Pappel steht am Karlsplatz
Mitten in der Trümmerstadt Berlin
Und wenn Leute gehn übern Karlsplatz
Sehen sie ihr freundlich Grün.

In dem Winter sechsundvierzig
Fror'n die Menschen, und das Holz war rar
Und es fielen da viele Bäume
Und es wurd ihr letztes Jahr.

Doch die Pappel dort am Karlsplatz
Zeigt uns heute noch ihr grünes Blatt:
Seid bedankt, Anwohner vom Karlsplatz
Daß man sie noch immer hat!

Walter Hinck
Das freundliche Grün

Das Gedicht gehört zur Gruppe der »Kinderlieder« Brechts aus dem Jahre 1950. Solche Umgebung lädt zur Unterschätzung ein. Dabei ist es in der Poesie gerade das Einfache, das schwer zu machen ist. Fürs Kinderlied trifft zu, was auch für neuere Versuche, im Volksliedstil weiterzudichten, gilt. »Die modernen Lieder ›im Volkston‹ sind oft«, meint Brecht, »abschreckende Beispiele, schon ihrer künstlichen Einfachheit wegen. Wo das Volkslied etwas Kompliziertes einfach sagt, sagen die modernen Nachahmer etwas Einfaches (oder Einfältiges) einfach.« Einfältigkeit wäre das letzte, was sich Brechts poetischem Dank für die Anwohner des Karlsplatzes nachsagen ließe.

Aber die Bedingung des Kinderlieds: uneingeschränkte Verständlichkeit, erfüllt das Gedicht – ohne beflissen in die vermeintliche Kinderpsyche hineinzuschlüpfen. Klar ist der Aufbau; der Dreischritt der Strophen führt aus der Gegenwart in die Vergangenheit, ins erste Nachkriegsjahr, und wieder in die Gegenwart zurück. Fast wirkt die erste Zeile der dritten Strophe, die den Anfangsvers nur wenig abwandelt, wie ein Kehrreim. Der Satzbau meidet Schachtelung; das Bindewort »und« läßt eine Reihe nebengeordneter Sätze entstehen. Die Sprache bleibt leger; keine Lobrede wird hier geschwungen, kein Orden wird verliehen. Gezeigt werden ein uneigennütziges Verhalten und seine segensreichen Folgen. Das Handeln spricht für sich, da darf sich der Dank eher beiläufig anschließen.

Der Dichter macht von den Möglichkeiten der Volksliedstrophe, zumal der metrischen Freiheit in der Füllung der Senkungen, Gebrauch. Nur den Schlußversen der drei Strophen ist, wenn auch kaum merklich, die Ordnung des Trochäus unterlegt, so daß man diese Zeilen etwas langsamer liest. Sie wirken dadurch bedeutungsbeschwert; und tatsächlich wendet sich hier der Gedanke jeweils auf das Entscheidende hin: auf das freundliche Grün, den »Tod« der Bäume in anderen Gegenden, die Rettung des Grüns am Karlsplatz. Nicht verschwiegen sei allerdings, daß ausgerechnet der Schlußvers des Gedichtganzen in Diktion und Bildlichkeit etwas abfällt.

Keine Illustration eines Programms der Ostberliner Staatspartei von 1950 oder der Grünen-Bewegung von heute bietet dieses Gedicht, obwohl es als poetischer Begleittext zu unseren Umwelt-Debatten wie geschaffen scheint. Wie alle bedeutende Kinderlyrik ist auch dieses Gedicht für die Weltsicht der Erwachsenen offen. Es entfaltet einen sehr anschaulichen Beispielsfall und erlaubt eine Deutung auf verschiedenen Stufen. Grundsätzlich erkennt das Gedicht dem Wohlgefallen Vorrang vor dem Nutzen zu.

Den Verzicht auf das Fällen eines Baums zur Notzeit, so wird demonstriert, belohnt die fortdauernde Freude am lebendigen Grün, an der Naturschönheit. Sinnliches Wohlgefallen ohne Besitzenwollen, ohne »Begehren« aber – das zu wissen, muß man nicht unbedingt Kants »Kritik der Urteilskraft« gelesen haben – hat immer auch eine ästhetische Seite. Im dritten der »Kinderlieder 1950«, im Gedicht »Die Vögel warten im Winter vor dem Fenster«, erhalten die »um eine kleine Spende« bittenden Vögel ihr Futter: der Sperling, weil er im Sommer mit seinem Warnruf den Raben aus dem Saatbeet vertreiben half, der Buntspecht, weil er Ungeziefer aufpickte, aber auch die Amsel, die den ganzen Sommer lang nur sang. Auch hier also ein Plädoyer für ein Erfreuen, das sich nicht durch seine Nützlichkeit rechtfertigen muß. Läßt sich die Schlußstrophe dieses Gedichts als ein Gleichnis für das unbedingte Daseinsrecht der Kunst ohne Auftrag lesen, so »Die Pappel vom Karlsplatz« als gleichnishafte Ermunterung, das Schöne (und damit

auch die Kunst) über die existentiellen Schiffbrüche hinweg zu retten.
Ebenfalls im Jahr 1950 sinniert Gottfried Benn, in Versen unter dem Titel »Was meinte Luther mit dem Apfelbaum?«, über die legendäre Antwort Luthers auf die Frage, was er angesichts des nahen Weltuntergangs tun würde. Das »Pflanzen eines Apfelbaums« ist zum Symbol einer Haltung des Dennoch, der Hoffnung geworden. Brechts Gedicht rückt uns noch näher. Auf die Zukunft setzt schon, wer einen Baum stehen läßt, ihn bewahrt gegen das Kalkül der raschen Verwertbarkeit.

AUF EINEN CHINESISCHEN THEEWURZELLÖWEN

Die Schlechten fürchten deine Klaue.
Die Guten freuen sich deiner Grazie.
Derlei
Hörte ich gern
Von meinem Vers.

Wulf Segebrecht
Sind Lyrikfreunde bessere Menschen?

Wer fürchtet sich vor Bertolt Brecht? Früher mag das ja mal vorgekommen sein, hier und da, aber heute? Heute gibt es allenfalls ein paar Unentwegte, die seine Verse immer noch mögen und sich, nach wie vor, ihrer »Grazie« freuen; Brechts »Klaue« aber ängstigt heutzutage im Ernst niemanden mehr, sie hat, wie es scheint, ihre Gefährlichkeit verloren. Demnach müßten (folgt man dem Wortlaut des Gedichts) die »Schlechten«, die seinerzeit offenbar allen Grund hatten, die »Klaue« der Poesie Brechts zu fürchten, inzwischen ganz und gar ausgestorben und nur die »Guten« übriggeblieben sein, die sich an der »Grazie« seiner Gedichte freuen. Ist es so? Das wäre denn doch zu schön, um wahr zu sein.

Es ist ein Programmgedicht: An exponierter Stelle, auf Mittelachse gesetzt, konnte man es auf der Schutzumschlag-Rückseite des von Brechts Freunden Wieland Herzfelde und dessen Bruder John Heartfield gestalteten Bandes der »Hundert Gedichte« lesen, mit denen der Dichter 1951 zum ersten Mal seit der »Hauspostille« (1927) in Deutschland (genauer: in der DDR) wieder als Lyriker vorgestellt wurde. Dort findet sich auch die Anmerkung, die darüber aufklärt, was es mit dem »Theewurzellöwen« auf sich hat: »Figur aus Wurzeln des Theestrauches, im alten China als Glückstier betrachtet und um so höher bewertet, je weniger Schnitzarbeit sie aufwies.« Und die Vorderseite des Umschlags zeigt eine Fotografie dieser Wurzel: Ein struppiges, vierbeiniges Wesen mit deutlich erkennbaren Krallen an den Füßen, mit glühendem Auge und hochgestelltem, staksigem Schweif tritt dem Leser da entgegen, halb tapsig, halb bedrohlich.

Der so beschriebene und im Bild vorgezeigte »Theewurzellöwe« besitzt sicher Eigenschaften, die Brecht seinem Vers nur wünschen konnte. Er war im besten Fall ein Naturprodukt mit Kunstcharakter: So natürlich, daß ihm die Spuren seiner kunstvollen Bearbeitung nicht anzusehen waren, und so artifiziell, daß man es für vollkommen natürlich halten mußte. Eine solche Übereinstimmung von Natur und Kunst hielt Brecht als Lyriker wohl für erstrebenswert: »Derlei / Hörte ich gern / Von meinem Vers.«

Hat Brecht das jemals zu hören bekommen? Hat er, wenigstens gelegentlich, jene schöne Übereinstimmung von Natur und Kunst erreicht, die den »Theewurzellöwen« im alten China auszeichnete und der er seine erstaunliche Wirkungskraft, die Verbreitung von Furcht und Freude, verdankte? In den »Hundert Gedichten« selbst steht das Gedicht im »Exil«-Kapitel, obwohl es allem Anschein nach erst nach der Rückkehr Brechts aus dem Exil, vermutlich sogar eigens für diesen Band geschrieben wurde. Versteht man das Exil Brechts als seine »antifaschistische Kampfzeit«, so ließe sich das Gedicht als eine Erinnerung an die Zeiten lesen, in der seine Verse tatsächlich als gefährliche, nämlich die Nazis entlarvende, und als erfreuliche, nämlich die Nazi-Gegner ermutigende Botschaften galten.

Doch: Wer las damals schon Gedichte Brechts? Wer konnte sie lesen, da sie kaum gedruckt wurden? Und: Können Kampfgedichte überhaupt jene Harmonie von Natur und Kunst erreichen, die den »Theewurzellöwen« auszeichnet? Verzerrt nicht auch, um mit Brecht zu sprechen, der Haß auf die Niedrigkeit die Züge?

Wie gern würden die Freunde des Lyrikers Brecht ihm bescheinigen, was er selbst gern gehört hätte. Doch sie haben begründete Zweifel daran, daß Verse überhaupt solche Wirkungen zeigen können. Läßt sich etwa an ihren Folgen ablesen, wer böse und wer gut ist? Was kümmert die »Schlechten« schon die Poesie! Und sind, andererseits, Lyrikfreunde vielleicht bessere Menschen? Wer wollte das wirklich glauben! Brecht selbst kann das nicht geglaubt haben, und er konnte nicht erwarten, es je zu hören. Aber das schließt weder für ihn noch für seine Leser aus, einen solchen Zustand trotzdem für wünschenswert zu halten, auch wenn sie zugeben müssen, daß die Lyrik nicht das geeignete Mittel ist, ihn herbeizuführen. Denn die Guten und die Schlechten gibt es nun einmal, unabhängig von aller Poesie.

Es ist ein schlichtes, aber äußerst raffiniertes, dialektisches Gedicht. Es geht aus von der Beschreibung der Wirkungen eines naturähnlichen (nicht naturgleichen) Gegenstands und stellt dann fest, daß es der Lyrik versagt ist, solche gleichsam natürlichen Wirkungen zu haben. Das führt zu der Folgerung, daß dann wenigstens ein solcher Zustand imaginiert werden kann, in dem solche Wirkungen eintreten. Das Gedicht, das diesen utopischen Zustand, in dem Lyrik konkrete Wirkungen haben kann, als nicht vorhanden und auch nicht durch sich selbst erreichbar voraussetzt, ist dennoch damit beschäftigt, diese schöne Vorstellung am Leben zu erhalten. Indem es seine eigene Wirkungslosigkeit formuliert, wirkt es daran mit, sie aufzuheben.

DEUTSCHLAND 1952

O Deutschland, wie bist du zerrissen
Und nicht mit dir allein!
In Kält' und Finsternissen
Läßt eins das andre sein.
Und hätt'st so schöne Auen
Und reger Städte viel;
Tät'st du dir selbst vertrauen
Wär alles Kinderspiel.

Friedrich Dieckmann
Der Kern der Verhältnisse

Brecht, der Vaterlandsdichter, macht eine kaum bekannte Figur. Sein Programmwort von 1951: »Wir werden ein nationales Theater haben oder keines« geriet lange Zeit ebenso in Vergessenheit wie sein Nationallied von 1949. Erst als es im Vorfeld der neuen deutschen Staatseinheit um die Hymnenfrage ging, kam, folgenlos, das Bewußtsein dafür auf, daß Brecht nach dem Krieg das wahre Lied der Deutschen geschrieben hat. »Anmut sparet nicht noch Mühe«, begann der Text auf Haydns Melodie, der Bechers Hymnentext damals auf SED-Ebene unterlag.
Vor diesem Deutschlandlied, das eines der Ermutigung ist, liegen vier Gedichte, die den Landesnamen in Titel oder Versanfang exponieren; von 1920 bis 1945 markieren sie die Zäsuren der Nationalgeschichte. Dies tut auch die achtzeilige Strophe von 1952, die ihren Zeitbezug schon im Titel kundgibt. In ihrer dritten Fassung geschieht das, dem Erstdruck in einem Programmheft des Berliner Ensembles; ursprünglich war das Gedicht als liedhafte Einlage in einen Mutter-Courage-Film gedacht, der nicht zustande kam. Die Verse lehnen sich an die Vaterlandsklage an, welche die Dichter des Dreißigjährigen Krieges angestimmt hatten. Ihre Wiederberufung fällt in das Ohr einer Zeit, in der das Ende eines andern Verwüstungskrieges in den kalten Frieden entzweiter Sieger umgeschlagen war.
Nach 1948, dem Jahr der Währungs- und Wirtschaftsspaltung, war 1952 das andere Schicksalsjahr der deutschen Nachkriegsgeschichte; mit der Ratifizierung des Generalvertrags der drei Jahre alten Westrepublik wurde in diesem Jahr die Verselbständigung des staatgewordenen sowjetischen Besatzungsgebiets für mehr als eine Generation unabwendbar. Brechts Verse erheben sich über den Kampflärm

der Bemächtigungsgebärden; traurig-inständig deuten sie auf den Kern der Verhältnisse. Aus dem evokativ gespannten ersten Vers löst sich im zweiten die rhythmische Grundform, ein dreihebiger Jambus, und bringt die sperrig-eindringliche Wendung hervor: »Und nicht mit dir allein«. Sie deutet, für die Kriegszeit der Mutter Courage wie für die Jetztzeit des Dichters, auf den Anteil fremder Mächte an der deutschen Staatszerreißung.

Der vierte Vers ist die Differenzstelle der Stadien, welche der Text durchläuft, um zu sich selbst zu kommen. »In Kält' und Finsternissen / Schlägt eins aufs andre ein«, heißt es im Filmskript und Programmheftdruck. ». . . läßt eins das andre sein«, setzt der Dichter drei Jahre später, als er die Verse für den aus politischen Gründen inhaftierten Frankfurter Magistratsrat Julius Hahn abschreibt und einem Ermutigungsbrief beilegt, der gerichtlicher Beschlagnahme verfällt.

Mit einem subtilen Konjunktiv deutet der fünfte Vers darauf, daß die Auen schön und die Städte rege nicht unabhängig davon sind, daß ein Deutschland das andere »in Kält' und Finsternissen« läßt. Die Verwüstung der Städte bleibt hier außer Betracht; um eine andere Zerstörung geht es dem Autor. Seine Schlußverse fühlen auf den Grund der Dinge; an der Wurzel des Übels erkennt er das zerstörte Selbstvertrauen. Nicht fatalistisch legt er sie frei; in dem Mantel der Trauer, den er über sein Land breitet, öffnet sich der Spalt der Hoffnung: »Tät'st du dir selbst vertrauen . . .«

Das Deutschland von 1952 hat sich die Ermutigung seines Dichters nicht zu Herzen genommen. Siebenunddreißig Jahre hat es gedauert, bis jenes Selbstvertrauen sich einstellte, dem fast wie im Spiel gelang, was im Bann der Furcht einst verspielt worden war: Deutschlands Einheit. Die Situation, auf die Brechts Verse das Licht der Dichtung werfen, liegt hinter uns; dennoch sind diese mehr als nur die

Stimme der Geschichte. Das nicht mehr staatszerrissene Deutschland produziert Kält' und Finsternisse eigener Art; ihnen zu wehren ist jenes Kinderspiel nicht, das uns der Dichter für den Fall des Gelingens in Aussicht stellt.

GLÜCKLICHER VORGANG

Das Kind kommt gelaufen
Mutter, binde mir die Schürze!
Die Schürze wird gebunden.

Harald Weinrich
Selbstverständliches Gedicht

Ich besitze eine alte Photographie, da stehe ich auf dem Spielplatz und habe den linken Fuß auf einen Spaten gesetzt, arbeite. Wie alle meine Freunde trage ich eine Spielschürze. Ich spiele. Die Schürze legt sich stramm an meinen Leib. Ich bin glücklich.

Aber dieses Glück ist gefährdet. Es braucht sich nur die Schleife zu lösen, mit der die Schürze auf dem Rücken gebunden ist. Wie jämmerlich hängen dann die Flügel der Schürze und ihre dummen, hinderlichen Bänder herunter und stören bei der Arbeit! Man kann ja noch gar keine Schleife binden (diese beneidenswerte Kunst!) – und schon gar nicht hinter dem Rücken. Das Unglück ist also da: Der »glückliche Vorgang« beginnt mit seinem krassen Gegenteil.

Doch es gibt Hilfe. Die Mutter ist nicht weit... Wir wollen nun den Standort wechseln. Das Kind »kommt« ja gelaufen. Wir stehen bei der *glücklichen* Mutter, die dem Kind beim Spielen zusieht. Sie kann helfen. Rasch bindet sie die Schürze, und das Kind kann eilends wieder an seine Arbeit (wir wissen: zu seinem Spiel) zurückkehren. Die kurze Unterbrechung, dieser kurze Unglücksschmerz, wird das Glück des wohlbehüteten Kindes nur gesteigert haben. Und wir sinnen dem kleinen Vorgang nach: Muß denn das Glück, wenn es Dauer hat, hin und wieder für kurze Zeit – möglichst kurze Zeit – unterbrochen werden, damit wir es wahrnehmen?

Dem Dreitakt Glück–Unglück–Glück entspricht die dreizeilige Form des Gedichts. Mit den Zeilen wechselt auch der Rhythmus, der in der zweiten Zeile trochäisch und in der dritten Zeile jambisch ist. In der ersten Zeile sind diese beiden Metren gemischt, so daß zwei der drei Hebungen unmittelbar nebeneinander liegen: das macht das Herbeieilen

des Kindes kurzatmig. Die Trochäen der zweiten Zeile mit ihren vorangestellten Hebungen bewirken einen energischen Rhythmus: Das Kind erhebt seinen Anspruch mit Nachdruck. Sehr ruhig folgen dann die regelmäßigen Jamben der letzten Zeile: selbstverständlich wird der Forderung des Kindes entsprochen.
Das Passiv dieser letzten Zeile (die Grammatiker sprechen von einem »Vorgangspassiv«) ist übrigens nicht der Kindersprache entlehnt. Kinder gebrauchen fast kein Passiv. Brecht hat es vielmehr der Verwaltungssprache entnommen. Die Verwaltung liebt dieses Passiv und gebraucht es oft, wenn sie zum Ausdruck bringen will, daß ein berechtigter Anspruch ohne Ansehen der Person als Verwaltungsakt (»Vorgang«) behandelt und sachgerecht befriedigt wird. Aber sind das auch glückliche Vorgänge?

DER BLUMENGARTEN

Am See, tief zwischen Tann und Silberpappel
Beschirmt von Mauer und Gesträuch ein Garten
So weise angelegt mit monatlichen Blumen
Daß er vom März bis zum Oktober blüht.

Hier, in der Früh, nicht allzu häufig, sitz ich
Und wünsche mir, auch ich mög allezeit
In den verschiedenen Wettern, guten, schlechten
Dies oder jenes Angenehme zeigen.

Wulf Segebrecht
Die Annehmlichkeit der Blumen

Brechts Gedicht erschien 1953. Damals faszinierten mich die »feucht verwirrten« Blumengärten Benns; in seinen lyrischen Beschwörungsformeln waren die Gärten Orte traumhafter Erinnerung und schwermütiger Rauscherwartung. Brechts Garten ist von ganz anderer Art: Geplant und in weiser Voraussicht berechnet ist, was er zu bieten hat. Die »monatlichen Blumen« sind das Ergebnis eines spezifisch menschlichen Umgangs mit der Natur.

Zunächst findet man nur eine Lagebeschreibung und -bewertung: Die Anlage (abgeschirmt und weise geplant) hat ihren Wert, weil sie von Menschen für Menschen gemacht wurde. Sie bietet ihrem Benutzer die Möglichkeit, sich zurückzuziehen und Einsichten zu gewinnen über die Weisheit der Planung. Er scheint sich des Privilegs, das er genießt, bewußt zu sein: »in der Früh«, also vor der Tagesarbeit, und »nicht allzu häufig« nimmt er es wahr. Und dann wünscht er sich, selbst im vergleichbaren Sinn so angenehm zu sein wie der Blumengarten. Sein Vorrecht wird ihm zur Verpflichtung. Auf seine Weise möchte er den Menschen zurückgeben, was er ihnen verdankt: die Möglichkeit, Erkenntnisse zu gewinnen und Angenehmes zu genießen.

Daß es um Erkenntnis geht und Genuß, nicht um Nutzung und Konsum, sagen die Blumen. Hätte Brecht die »Nutzung der Produktivität des Gartens und somit die Erfüllung seines Zwecks« propagieren wollen (so hat man das Gedicht gedeutet), dann hätte er besser von Radieschen, Tomaten und Salat gesprochen, nicht aber von Blumen. Der »Gebrauchswert« von Blumen ist ihre Schönheit, nicht aber ihre Nützlichkeit. Von der Schönheit ist die Rede, vom Angenehmen als einer ästhetischen Qualität. Wie der Blumengarten schön ist, weil er von und für Menschen angelegt wurde,

so versteht sich auch der Dichter: Von den Menschen angenommen und für sie bestimmt. Von ihnen hat er seinen Auftrag, für sie ist er da, um ihnen Genuß und Erkenntnis zu ermöglichen.
Das Gedicht setzt, wie man sieht, ein gutes Verhältnis der Wechselseitigkeit des Genießens voraus, das zwischen dem Dichter und der Gesellschaft besteht: Dem Genuß des Angenehmen, das die Gesellschaft dem Dichter gewährt, entspricht der Genuß des Angenehmen, das der Dichter für die Gesellschaft hervorbringt. Und wenn dieser sich wünscht, das Angenehme »allezeit« vorweisen zu können, so erhofft er sich zugleich den Fortbestand dieser Wechselseitigkeit von Geben und Nehmen, unabhängig von äußeren Umständen, die einmal mehr, einmal weniger günstig sein können.
Waren diese Umstände 1953 günstig? Brecht hatte (als Privilegierter) im Jahr zuvor in der Märkischen Schweiz »auf schönem Grundstück am Wasser des Scharmützelsees unter alten großen Bäumen« ein Haus erworben; hier schrieb er die »Buckower Elegien«, zu denen »Der Blumengarten« gehört. Die Gedichtsammlung reflektiert auf hintergründige Weise die geschichtlichen Ereignisse des Jahres 1953, also vor allem den Arbeiteraufstand vom 17. Juni und Stalins Tod. Zu beiden Ereignissen hatte Brecht mit anscheinend unkritischen Sympathieerklärungen Stellung bezogen. Die veröffentlichten Fassungen dieser Äußerungen mußten diejenigen irritieren, die selbst Hoffnungen an diese Ereignisse geknüpft hatten. »Der 17. Juni hat die ganze Existenz verfremdet«, notierte Brecht damals.
Unter solchen Umständen muß auch der Blumengarten seine Schönheit verlieren. See, Silberpappel und Blumen werden fremd und häßlich. So erscheinen sie in dem Gedicht »Böser Morgen«, das die Konsequenz der »Verfremdung«, gleichsam die Kehrseite des schönen Blumengartens,

vorführt. Wenn das Verhältnis der Wechselseitigkeit gestört ist, können Dichter und Leser nicht mehr genießen, was sie einander verdanken, und nicht mehr produzieren, was sie einander zu geben haben. Wer den ästhetischen Genuß, die Annehmlichkeit der Blumen, als verpflichtendes Privileg begreift, der ist – als Autor wie als Leser – im Glück der Erkenntnis, das er erfährt und zurückgibt, »allezeit« auch riskanten Mißverständnissen ausgesetzt. Das einfach schöne Gedicht »Der Blumengarten« gibt das zu bedenken, auch in einer Zeit der allgemeinen Abkehr von Brecht.

DER RAUCH

Das kleine Haus unter Bäumen am See.
Vom Dach steigt Rauch.
Fehlte er
Wie trostlos dann wären
Haus, Bäume und See.

Gabriele Wohmann
Trost

Fünf Zeilen beschwören das kleine schmucklose Bild herauf, anschaulich und komplett. Ich muß an die Häuser mit Landschaftszugabe denken, die ich gemalt habe, als ich ein Kind war. Auch bei mir hat nie der Rauch aus dem Schornstein gefehlt. Ging es mir dabei um den letzten Schliff und, wie im Gedicht, um Trost? Mein Gedicht über meine Häuser hätte der Einbildungskraft den Spielraum genommen und alles erzählt, die Zufahrt und den Gartenzaun nicht weggelassen und auch nicht die drei oder vier Personen, die ich in die Gegend stellte und von denen Brecht gar nicht erst reden muß, denn daß sie da sind, sagt er im Titel, und in der zweiten Zeile: »Vom Dach steigt Rauch«. Schriftsteller der Mittelklasse hätten sich darum bemüht, in der letzten Zeile nicht die Substantive der ersten Zeile zu wiederholen. Bei Nichtgelingen: Dekoration mit Adjektiven.
Ein Kindervertrauen äußert sich im Bedürfnis, mit dem qualmenden Schornstein das Bild zu vervollständigen und gleichzeitig zu signalisieren. Das Haus ist nicht verlassen, es steht nicht nutzlos herum. Kindliches Vertrauen bei mir von damals, als ich beim Malen vielleicht unbewußt an meine mit sich selber glückliche Familie dachte, und ebenso beim erwachsenen Bert Brecht, dem es doch nach Erfahrungen mit Menschen schon erheblich schwerer fallen mußte, von der Nutzanwendung des kleinen Hauses, die der Rauch verheißt, auf gutartige Bewohner zu schließen. Brecht muß ein Optimist gewesen sein. Einer, der die gesamte Szenerie als »trostlos« empfände ohne Leute, die sie beleben. »Trostlos«, wenn hier nicht geheizt würde, der Kamin, der Herd in der Küche: Hier kann man sich aufwärmen, hier gibt es was zu essen. Hier kann man einkehren, denkt nach langem Ritt der Western-Held. Brecht rechnet, beim Trost durch Rauch,

nicht mit Zank und Streit. Ihm werden Bäume und See erst zum Gewinn, wenn jemand vom kleinen Haus aus sie anblickt und genießt.

Ein Pessimist sähe das Haus lieber unbewohnt. Einer, der auf Immobiliensuche ist – reizvolle Gegend offenbar –, erst recht. Ein Naturpurist ließe das kleine Haus lieber überhaupt abreißen. Mit Öko-Blick hat Brecht auch noch nicht geschaut: Ein Grün-Freak würde den schadstoffhaltigen Rauch verfluchen. Aber, optimistischer Menschenfreund oder nicht, vor allem ist Brecht ein Dichter. Und den muß die Anwesenheit von Menschen interessieren, schon als Schreibstoff. Erst der Rauch verwandelt die Genre-Idylle zum Schauplatz, der Schnappschuß ist nur mehr ein Standbild aus einem Spielfilm. Fast egal, wer da drin Feuer macht: Selbst unfriedfertige Bewohner sind dem, der über Menschen schreibt, lieber als gar keine Bewohner.

Beim Gedichteschreiben – ausgenommen Lehrgedichte, »Unterweisungen« – sperrt Brecht mich nicht in eine Schulbank. Eine Aussage aber lasse ich mir gern gefallen, und in diesem Gedicht fällt sie eindeutig aus, geradezu altmodisch verständlich. Ich weiß, woran ich bin. Trotzdem bleibt ein Geheimnisrest, das Nicht-zu-Ende-Erklärbare, dessen ein gutes Gedicht bedarf. Der Schreibende selber scheint »trostlos« zu sein. Aller schönen Wörter überdrüssig. Er nimmt die ruhige Gangart der Prosa, seine karge Sprechweise paßt sich der Schlichtheit des Sujets an. Es sei kein Gedicht: von einem, den nicht der Verfasser verraten würde, höre ich diesen Einwand. Das Fehlen jeder Chiffriertheit, die üblichen Verrätselungen, an die Lyrikleser sich gewöhnt haben, als liebten sie es, sich mit dem prätentiösen Unzugänglichen abzuquälen, es würde vermißt.

Aber was einfach scheint, ist am schwersten zu bewerkstelligen. Es glückt dem Dichter, den sinnlichen Eindruck mit der Erfahrung der Verlassenheit zusammenzubringen. Hinter der Verschwiegenheit des kleinen Geniestücks gibt es alles zu erraten. Ich habe es vorhin ausprobiert und bin an einem kleinen Haus unter Bäumen – ein See war so schnell nicht zu haben – vorbeigegangen. Kein Rauch stieg aus dem Schornstein. Ich habe es, fast, trostlos gefunden und zum Glück nicht genau gewußt, warum.

DER RADWECHSEL

Ich sitze am Straßenrand
Der Fahrer wechselt das Rad.
Ich bin nicht gern, wo ich herkomme.
Ich bin nicht gern, wo ich hinfahre.
Warum sehe ich den Radwechsel
Mit Ungeduld?

Gabriele Wohmann
Der lange Tag im kurzen Leben

Mein Blick fällt auf einen unscheinbaren Vorgang. Vom unerheblichen Zwischenfall aufgehalten, läßt der Berichtende an seiner allumfassenden Lustlosigkeit keinen Zweifel. Die Panne behebt der Fahrer, dessen Arbeit er nicht schildert, weil sie ihn nicht interessiert. Wartend am Straßenrand prüft er seine Empfindung. Unumwunden gibt er die bittere Information: über die ungeliebte Herkunft, das genauso ungeliebte Ziel. Hat er nur einen schlechten Tag? Auf den ersten Blick, vorerst nur bis zum Ende der vierten Zeile, scheint die Lage aussichtslos.

Beim Weiterlesen erfahre ich allerdings, daß ich es mit einem gar nicht apathischen Passagier zu tun habe. Ungeduldig ist er. Obwohl ihn die Weiterfahrt nicht reizt? Hier spricht kein fröhlicher Tourist, den der erzwungene Aufenthalt nur deshalb stört, weil er ihm Zeit für sein neugieriges Vergnügen an der nächsten Station stiehlt. Muntere Leute würden ihn einen Spielverderber nennen. Sag *ja* zu deiner Reise, verdirb uns nicht die Laune, wir möchten bleiben, wie wir sind, aus Gedankenlosigkeit reiselustig.

Ich sehe die Straße und den defekten Wagen, den Fahrer mit dem Rad, den Wartenden vor mir, die ganze Kulisse, das ziemlich öde Bild. Brechts Geheimnis: Wortkarg liefert er zu der Diagnose einer Gemütsverfassung das Portrait des Reisenden in der Landschaft mit. »Ich bin nicht gern . . .«: Das klingt viel unwiderruflicher traurig als, ohne die ernste Zurückhaltung, etwa: »Ich hasse, ich verabscheue . . .« Wut könnte vorübergehend sein und wäre therapiefähig. Brechts Feststellung kündet von Unheilbarkeit, der Seinsbefund ist endgültig. Erschiene da nicht dieser Lichtblick, paradoxerweise durch das unbequeme, unbekömmliche Gefühl der Ungeduld. Etwas muß es geben, das der no-

stalgische, noch vorwärtsstrebende Reisende doch erwartet.
Woher diese Unruhe? Das Gedicht gehört in den Zusammenhang der »Buckower Elegien« und könnte vermutlich autobiographisch, politisch gedeutet werden. Ich nehme die Ungeduld lieber aus allem möglichen Bescheidwissen (oder Mutmaßen, Unterstellen) heraus und erkenne in ihr eine Lebensnervosität. Die kleine Reise von da nach dort steht für die Strecke von allerdings unbekanntem Maß, die wir Menschen von unserem Anfang bis zu unserem Ende zurücklegen.
Der kurze Aufenthalt ist dem Ungeduldigen zu lang. Wie leichtsinnig wünschen wir sehr oft – denn Lebenszeit läuft ab –, wir hätten, im kurzen Leben, den langen Tag schon hinter uns. Oder tröstet nicht gerade solches Weitersehnen? Das Gedicht verweist auf ein Verlangen, das dem Menschen einwohnt und für das es keinen irdischen Platz gibt. Man muß nicht gläubig sein – obgleich das angenehmer wäre –, um sich seiner Unerlöstheit bewußt zu werden und die innere Ungeduld als Todeshoffnung zu empfinden. Im Verschweigen ewigkeitssüchtiger Gefühle, im Weglassen aller Hinweise auf die Parabelhaftigkeit des Vorgangs Radwechsel offenbart sich Brechts Kunstinstinkt, und indem er nichts erklärt, kommt es zum bewundernswürdigen Gelingen dieser paar Zeilen.
Alles, was wir Menschen zu Lebzeiten ganz und gar nicht verstehen können, es steckt in der Frage, mit der uns der geschickte Brecht auch noch nach der letzten Zeile nicht eigentlich entläßt: »Warum sehe ich den Radwechsel / Mit Ungeduld?« Und für die, denen der Wegweiser fehlt: Weil Brecht keine Antwort gibt, verliert das Gedicht seine Bodenhaftung. Nur weil die Frage offen bleibt, läßt es die Erdschwere hinter sich.

TANNEN

In der Frühe
Sind die Tannen kupfern.
So sah ich sie
Vor einem halben Jahrhundert
Vor zwei Weltkriegen
Mit jungen Augen.

Volker Bohn
Mahnbild vom Schermützelsee

Ein auf den ersten Blick eher unscheinbares lyrisches Gebilde, von geringem Umfang, ohne auffällige Formstruktur und auch inhaltlich, so sieht es aus, kaum rätselhaft. Aber es verträgt einen zweiten und dritten Blick.

Ein »Ich« erinnert sich an Vergangenes, an die eigene Kindheit oder Jugend, an die ein halbes Jahrhundert zurückliegende Zeit: »So sah ich sie.« Versonnener Rückblick eines älteren oder alten Menschen? Eine einzelne sinnliche Wahrnehmung wird herausgerufen aus der Tiefe der Zeit: der Anblick von Tannen in der Morgensonne. Das hat jedenfalls etwas Nostalgisches, das Wort »kupfern« verstärkt diesen Eindruck. Irritierend ist allerdings, daß, wie es heißt, die Tannen kupfern *sind*, also heute wie eh und je. In diesem Wechsel der Zeitperspektive kommt wohl die Erfahrung zum Ausdruck, die das Thema dieses Gedichts ist: So, wie ich die Tannen mit jungen Augen sah, kann ich sie heute nicht mehr sehen, obwohl sie doch immer noch genauso aussehen wie damals. Eine Folge des Alterns? Das ließe sich sagen, wäre nur von einem halben Jahrhundert die Rede, nicht zugleich von zwei Weltkriegen. Dürfen wir also sagen: eine Folge der Schreckenserlebnisse dieses Jahrhunderts? Ist es unmöglich geworden, sich am Anblick unschuldiger Tannen im Morgenlicht zu erfreuen?

Das Gedicht gehört zu den »Buckower Elegien«. Brecht schrieb sie im Sommer 1953 auf seinem »Land- und Arbeitssitz« am Schermützelsee in der Märkischen Schweiz – ein Landhaus, dazu ein Gärtnerhäuschen zum Arbeiten, alles unter hohen alten Bäumen. Daß sich unter diesen Gedichten einige der schönsten Verse Brechts befänden, war bald allgemeines Urteil. Vor allem im Westen wurden sie gerne als Zeugnisse für die Wiedererlangung der wahren lyrischen

Potenz des Autors zur Kenntnis genommen. Anders gesagt: Man glaubte sie dem politischen Lyriker als seine nunmehr selbstgeschaffenen Mahnbilder entgegenhalten zu können. Im Osten tat man sich entsprechend schwerer: Nur eine Handvoll von ihnen wurde, kurze Zeit nach ihrem Erscheinen, in Brechts »Versuche«-Heften und in der Zeitschrift »Sinn und Form« veröffentlicht. Die erste vollständige Einzelausgabe erschien zehn Jahre später im Westen, und zwar in der edlen Insel-Bücherei. Nunmehr betonte die Kritik das zeitlos Elegische an diesen Elegien ganz besonders.
Ein paar Jahre später las man dann in Brechts »Arbeitsjournal« unter dem 20. August 1953: »buckow. TURANDOT, daneben die BUCKOWER ELEGIEN. der 17. juni hat die ganze Existenz verfremdet.« Erhellend an diesem Eintrag ist jedenfalls die in Brechts Schriften einzigartige Nachbarschaft der Wörter »Existenz« und »verfremdet« – dieses *sein* Programmwort, jenes *die* Modevokabel seiner ideologischen Kontrahenten.
Ich bin nicht gern, wo ich herkomme. / Ich bin nicht gern, wo ich hinfahre, heißt es in dem Gedicht »Der Radwechsel«, das ebenfalls zu den »Buckower Elegien« gehört. Zweifel an Geschichtlichkeit und Zukünftigkeit, das bedeutet für einen Sozialisten in der Tat das Ende. Viele der »Buckower Elegien« lassen sich auf den 17. Juni 1953 beziehen. Auch das Gedicht »Tannen«? Vielleicht so: Die Morgenröte, den Sonnenaufgang – das Emblem der Welterneuerung, »Wacht auf!« – mochte man vor zwei Weltkriegen noch mit jungen Augen begeistert schauen. Nun aber ist, nach einem halben Jahrhundert Sonnenfinsternis, nicht mehr bloß dieses oder jenes verfremdet, ins kritische Licht gerückt, nicht die Neben- und nicht einmal die Hauptwidersprüche sind betroffen, sondern die *ganze Existenz.* Aber: *In der Frühe / Sind die Tannen kupfern.* So sah sie Brecht im Sommer 1953. Und wir, heute?

Man durfte dem Sozialismus das Ende prophezeien, man durfte dem Kapitalismus das Ende prophezeien. Man darf vielleicht der ganzen Menschheit das Ende prophezeien. Aber einem jungen Menschen die Zukunft absprechen, das darf man nicht. In der Frühe sind die Tannen kupfern.

DIE MUSEN

Wenn der Eiserne sie prügelt
Singen die Musen lauter.
Aus gebläuten Augen
Himmeln sie ihn hündisch an.
Der Hintern zuckt vor Schmerz
Die Scham vor Begierde.

Jan Knopf
Unschöne Wahrheit

Ehe die Musen von wissenschaftlichem Geist verschiedenen Bereichen und Funktionen zugeordnet wurden, Erato zum Beispiel der Lyrik, Kleio der Historie, zeichneten sie sich durch ihren sirenengleichen Gesang aus. Der Mythos besagt: Wenn sie nach dem Olymp, dem Sitz der Götter, zogen, so hüllten sie sich in Wolken und ließen nur ihren wunderschönen Gesang hören. Wen sie liebten und anrührten, so der Mythos weiter, aus dessen Mund sei süß die Rede und herrlich der Gesang geflossen. Hesiod verbindet die Schönheits- mit der Wahrheitsfrage und läßt die Musen sagen: *Seht, wir reden viel Trug, auch wenn es wie Wirklichkeit klänge / Seht aber, wenn wir gewillt, verkünden wir lautere Wahrheit.*

Der bloße Glanz des Schönen als wunderbarer Trug der Sinne und der Anspruch, Wirklichkeit wiederzugeben, lagen von Beginn an widerspruchsvoll in eins. Die Aufgabe der Musen war es, die ewigen und seligen Götter im Gesang zu verehren, zugleich aber auch von Gewesenem und Künftigem zu künden.

Ohne diese mythische Rückerinnerung verflachte Brechts beziehungsreiche »Buckower Elegie« zur bloßen Stalinschelte. 1953 entstanden, gehört sie zu dem (unvollendeten) Gedichtzyklus, der sich mit dem 17. Juni und seinen Folgen poetisch auseinandersetzt. Elisabeth Hauptmann publizierte sie erst 1965 – in einem zweiten Nachtrag (der erste war 1964 erschienen) – aus dem Nachlaß, an unscheinbarer Stelle: Das Gedicht schien (zu) eindeutig politisch Stellung zu nehmen. Ich meine jedoch – und darin sehe ich ihren besonderen Reiz –, daß diese Elegie ihren politischen Anlaß überschreitet: Sie spricht poetisch von Poesie, verdoppelt sich damit gleichsam und stellt sich selbst in Frage: Hält sie, was sie verspricht, sagt sie unschöne Wahrheit auf schöne Weise?

Drei Bildbereiche sind im Gedicht miteinander verschmolzen. Zunächst sind da die antiken Mythen und Bilder, welche die »Buckower Elegien« insgesamt durchziehen. Die Musen sind nach antikem Muster personifiziert, vorzustellen als nackte weibliche Gestalten von großer Schönheit, der Gottheit ergeben und zu schönen Diensten. Diese Bildsphäre ist von Beginn an überlagert von der zweiten, der des Eisernen, der in die antike Landschaft nicht paßt. Zwar gab es auch da gewappnete Helden und Götter, sie traten jedoch den Musen nicht zu nahe. Das Verhältnis hat sich hier umgekehrt: Nicht die Musen »rühren« an, der »Eiserne« traktiert sie. Die ursprüngliche Frage, ob die Musen bloße Schönheit oder auch Wahrheit verkünden, ist dispensiert. Dermaßen in Zucht genommen, geht es nicht mehr darum, *was* sie singen, sondern nur noch, wie laut sie sich der falschen Verehrung widmen.

Der dritte Bildbereich ist der der Sexualität. Die antiken Gottheiten sind zu diensteifrigen Prostituierten verkommen. Ihre Blauäugigkeit, die ehemals Unschuld bezeugen sollte, dokumentiert als Augenring der vielen Nächte, in denen sie sich mißbrauchen ließen, ihren bezahlten Dienst ebenso wie die Brutalität ihres Beschälers, der ihnen die Augen blau geschlagen hat.

Das Ineinssetzen der drei Bildsphären, das noch verstärkt wird vom metrischen Zitat aus Brechts Horaz-Lektüre in jener Zeit, bestimmt die poetische Kraft des Gedichts. Es fügt das Unpassende ineinander und gibt so ein unmittelbares Bild der Perversion. Tiefer scheint Kunst nicht sinken zu können.

Freilich: Das Gedicht sagt dies kunstvoll, und das heißt, Kunst vermag zu überleben, wenn sie ihre politische Erniedrigung nicht verschweigt, sondern in Poesie widerspruchsvoll gestaltet. Sie umgibt sich mit dem Glanz der antiken Schönheit und sagt dennoch die unschöne Wahrheit. Das Schöne kann wahr sein, auch wenn die Wahrheit unschön ist.

DIE WAHRHEIT EINIGT

Freunde, ich wünschte, ihr wüßtet die Wahrheit und sagtet sie!
Nicht wie fliehende müde Cäsaren: »Morgen kommt Mehl!«
So wie Lenin: Morgen abend
Sind wir verloren, wenn nicht ...
so wie es im Liedlein heißt:

Brüder, mit dieser Frage
Will ich gleich beginnen:
Hier aus unsrer schweren Lage
Gibt es kein Entrinnen.

Freunde, ein kräftiges Eingeständnis
Und ein kräftiges WENN NICHT!

Wolfgang Werth
Sozusagen zu innerem Gebrauch

Nicht selten spricht Brecht in Gedichten deren Adressaten als »Freunde« an. So auch in dieser Buckower Elegie aus dem trüben Sommer, der dem Aufstand vom 17. Juni 1953 folgte. Doch hier wendet sich der Dichter an »Freunde«, unter denen er kaum Freunde hat: an die Mitglieder der DDR-Regierung und an die des SED-Zentralkomitees. Nur für sie soll dieses Gedicht bestimmt sein – »sozusagen zu innerem Gebrauch«, wie es in dem als Begleitschreiben verfaßten Brief an den ZK-Sekretär Paul Wandel heißt. »Die Wahrheit einigt« gehört nicht zu Brechts großen Gedichten – aber es ist einzigartig. In der politischen Lyrik deutscher Sprache findet sich nichts, was ihm zu vergleichen wäre. Seine Vorgeschichte und sein Zweck bestimmen die poetischen Mittel und den Ton. Es ist Brechts dritter (und letzter) Versuch, die Machthaber der DDR zum dringend Notwendigen zu ermutigen: zum »kräftigen Eingeständnis« ihrer politischen Fehler und zu der Anstrengung, das Vertrauen des Volkes zu gewinnen. Wenn ihnen das nicht gelingt, hat die DDR, davon ist Brecht überzeugt, keine Zukunft. Als totalitärer Funktionärsstaat kann sie sich nicht halten. Sie muß endlich werden, wofür sie die Propagandisten nur ausgeben: eine vom Volk getragene sozialistische Demokratie.

»Die große Aussprache mit den Massen über das Tempo des sozialistischen Aufbaus wird zu einer Sichtung und einer Sicherung der sozialistischen Errungenschaften führen.« Schon am Morgen des 17. Juni hat Brecht dem »werten Genossen Ulbricht« diesen Wink zukommen lassen – und zynischen Dank dafür geerntet. Nur der Schlußsatz seines Telegramms ist, am 21. Juni, im Parteiorgan »Neues Deutschland« zusammen mit zahlreichen Ergebenheitsadressen abgedruckt worden – so als habe auch Brecht »in diesem Augenblick«, also nach der Niederschlagung des Aufstandes, nur das »Bedürfnis« gehabt, »die Verbundenheit mit der sozialistischen Einheitspartei auszudrücken«. Eine »Erklärung«, in der er noch einmal die »große Aussprache« anmahnt, wird am 23. Juni unter der Sammelüberschrift »Für Faschisten darf es keine Gnade geben« im ND veröffentlicht.

Nun also, doppelt düpiert, entschließt sich der Dichter, den unfreundlichen »Freunden« hinter vorgehaltener Hand ins Gewissen zu reden, und es sieht so aus, als zwinge er sich zur Erfolgszuversicht, an deren Berechtigung er zweifelt.

»Die Wahrheit einigt«, aber Brecht fordert nicht: Sagt sie! Statt des Imperativs wählt er den Irrealis, die Aussageweise der Unwirklichkeit, und seufzt: »Freunde, ich wünschte, ihr wüßtet die Wahrheit und sagtet sie!«

Unmögliches schiene der Dichter zu begehren, wenn er »wünschte«, die »Freunde« wüßten, was sie nicht wissen, und sagten, was sie mangels Wissen nicht sagen (können). Doch das schlichte Wörtchen »und« verlangt eine andere Lesart des Satzes. Die Wahrheit wissen und sie sagen – das gehört zusammen! Denn wer sie weiß und sie nicht sagt, der unterdrückt sie und verrät damit, daß er sie fürchtet wie vor ihr »fliehende müde Cäsaren«, die um die »große Aussprache« herumzukommen meinen, indem sie den murrenden Massen kleine Versprechungen für morgen machen.

Nein, Brecht wirft den »Freunden« nicht vor, sie machten diesen Fehler, er »wünschte«, sie vermieden ihn, so wie es, in ähnlich aussichtslos erscheinender Lage, Lenin getan hat. Ihm, den sie als ihren unfehlbaren Lehrmeister feiern, müßten sie doch folgen! Und zur Aufmunterung könnte ihnen das »Liedlein« taugen. Brecht hat es in einem jener sowjetischen Aufbauromane gefunden, welche die »Freunde« den Massen als Kraftquelle empfehlen. Es sind Verse des damals noch unbescholtenen Alexander Twardowskij.

Doch das kräftige Eingeständnis und das kräftige WENN NICHT sind ausgeblieben. Sie wären auch ausgeblieben, wenn die »Freunde« das Gedicht gelesen hätten. Der Wille zur Zuversicht, mit dem Brecht es schrieb, scheint ihm alsbald abhanden gekommen zu sein. Im Nachlaß seiner 1974 gestorbenen Mitarbeiterin Ruth Berlau fand sich das Original des erwähnten Begleitbriefs. Wie die meisten Buckower Elegien war »Die Wahrheit einigt« 1967 erstmals veröffentlicht worden, elf Jahre nach dem Tod des Dichters. Weitere 22 Jahre später kam es doch noch zum Eingeständnis der Wahrheit. Zu spät. Sie einigte zwar, aber nicht in der von Brecht gewünschten Weise.

ACH, WIE SOLLEN WIR DIE KLEINE ROSE BUCHEN?

Ach, wie sollen wir die kleine Rose buchen?
Plötzlich dunkelrot und jung und nah?
Ach, wir kamen nicht, sie zu besuchen
Aber als wir kamen, war sie da.

Eh sie da war, ward sie nicht erwartet.
Als sie da war, ward sie kaum geglaubt.
Ach, zum Ziele kam, was nie gestartet.
Aber war es so nicht überhaupt?

Gerhard Schulz
Im Bilde der Rose

Die Vermutung, daß es sich bei diesen Versen um die lyrischen Bekundungen eines begeisterten Rosenzüchters handle, dürfte bei Brecht wohl kaum aufkommen. Die »Große kommentierte Berliner und Frankfurter Ausgabe« seiner gesammelten Werke datiert das Gedicht auf das Jahr 1954 und erläutert dazu, Brecht habe es für Isot Kilian geschrieben. Bei ihr handelte es sich um eine junge Schauspielerin – zur Zeit des Gedichts war sie dreißig –, die 1949 in Brechts Gravitationssphäre gekommen war und diese bis zu seinem Tod nicht mehr verlassen hat. Brecht und Helene Weigel waren Trauzeugen bei ihrer Heirat mit dem Philosophen Wolfgang Harich, aber Brecht besaß für sie die stärkere Anziehungskraft.

Nun gehört allerdings das Bild der Rose nicht zu den originellsten Metaphern in der Literatur. Die Ballade vom Knaben, der ein Röslein stehen sah, das er zu Lust und Schmerz unbedingt abpflücken mußte, war längst nicht mehr neu, als Goethe sie für sich zu einem Liebesgedicht in Anspruch nahm. Bei Brecht überrascht deshalb um so mehr der spontane Gebrauch der alten, emotionsgeladenen Metapher, hat er sich doch stets als der große Verfremdungskünstler, Maskenabreißer und Entromantisierer aufgeführt. Seine Verehrerinnen und Verehrer haben das gern für bare Münze genommen. Aber im Herzen seines Herzens liebte er Pathos und genoß seine Gefühle. Sonst wäre er auch sicher kein so bedeutender Lyriker geworden, der zum Beispiel vermochte, daß selbst ein paar konventionell erscheinende Verse wie diese tief ins Ohr dringen.

Die Hand des Meisters ist deutlich erkennbar, wie sie das Bild der Rose aus uralter Tradition auffrischt und auf eigene Art schön werden läßt. Der Verfremdungskünstler meldet sich mit »buchen« und »gestartet« zu Wort, Wörter, die beide aus der lyrischen Rolle fallen, gerade dadurch aber das Gedicht dem modernen Geschmack erträglich machen. Zu der Zeit von Brechts Anfängen in den zwanziger Jahren gehörte der Einbezug sachlicher, ernüchternder Wörter in einen poetischen Kontext zu den Charakteristika der »neuen Sachlichkeit«, und diese Schule hat Brecht nie gänzlich verlassen.

Merkwürdig das »wir« – ein Pluralis Majestatis? Denn daß etwa dem Gedicht Eindrücke eines gemeinsamen Besuches von Helene Weigel und Bertolt Brecht bei Isot Kilian zugrunde liegen, dürfte gleichfalls nicht sehr wahrscheinlich sein. Der Plural, das scheinbar Hoheitsvolle, Gravitätische des »wir«, kann jedoch, wenn man genauer hinhört, eine dem Majestätischen ganz entgegengesetzte Funktion haben: er überdeckt persönliche Anteilnahme und ist eher Instrument der Scheu als der Erhabenheit. So aber wird das Gedicht erst ohne Peinlichkeit möglich, und auch der Verfremdungskünstler Brecht kann sich besser dabei fühlen.

Wollte man jemand mitteilen, womit sich das Gedicht beschäftigt, so müßte man sagen, es sei ein Bekenntnis zur Irrationalität oder besser Unerklärlichkeit der Gefühle. Es besteht aus Fragen, auf die es keine Antwort gibt als durch sich selbst. Eine weitere Eigenheit unterstützt dieses Bekenntnis. Drei Zeilen beginnen mit »Ach« – eine Interjektion, die dort, wo sie mit Gewicht verwendet wird, auf die Kapitulation des Verstandes vor der Wirklichkeit hindeutet.

Dieses dreimalige Ach hilft auch dem Metrum auf die Sprünge, mit dem Brecht in diesen Versen ohnehin gerungen hat. Die erste Zeile zum Beispiel lautet in der Fassung der Großen Ausgabe: »Ach wie solln wir nun die kleine Rose buchen«. Und die fünfte klingt dort, als sollte Mutter Courage sie singen: »Vor sie da war, war sie nicht erwartet.« Derartige oberdeutsche Volkssprachlichkeit hat Brecht um des

Fremdmachens einer Aussage, um des Herabtönens oder Versteckens der Gefühle willen gern gebraucht.
»Aber war es so nicht überhaupt?« Wie war es denn? Und was war? Der Zyniker Brecht, von dem man weiß, daß er Frauen oft zu seinen Zwecken benutzte, kann mit einem solchen Gedicht nicht aus der Welt geredet werden. Die betroffenen Frauen haben sich freilich selten über ihn beklagt, denn er muß das Kunststück fertiggebracht haben, bei aller Berechnung und Aufmerksamkeit auf den eigenen Nutzen doch zugleich echt und tief zu fühlen. Aus falschen Gründen sind keine guten Gedichte zu münzen, und Brecht hat ein paar wundervolle und zarte Liebesgedichte geschrieben. Diese Verse hier lassen sozusagen in die Werkstatt blicken: wie das geschah und wie er selbst immer wieder überrascht war von sich und den Gefühlen, die ihn da überkamen und die mit aller Verfremdungskunst nicht zu bannen waren – es sei denn eben in ein paar Verse.

VERGNÜGUNGEN

Der erste Blick aus dem Fenster am Morgen
Das wiedergefundene alte Buch
Begeisterte Gesichter
Schnee, der Wechsel der Jahreszeiten
Die Zeitung
Der Hund
Die Dialektik
Duschen, Schwimmen
Alte Musik
Bequeme Schuhe
Begreifen
Neue Musik
Schreiben, Pflanzen
Reisen
Singen
Freundlich sein.

Harald Weinrich
Ein Glückskatalog

In diesem Gedicht, das doch sichtlich vom Glück handelt, kommt das Wort Glück nicht vor. Es wird vertreten durch das Titelwort Vergnügungen. Das ist ein munteres Wort, das wir zur Glücksvertretung gerne annehmen. Denn das Wort Glück hat in der deutschen Sprache keinen Plural. Dem Wort Vergnügungen hingegen steht der Plural ausgezeichnet. Das eben macht seine Munterkeit aus.

Ein wenig Untertreibung ist bei diesem Titel natürlich auch im Spiel. Überhaupt hat Brecht für dieses Gedicht das Register einer fast naiven Einfachheit gewählt. Es besteht ja nur aus einem Katalog. Das ist die anspruchsloseste Form, um eine Vielzahl von Erscheinungen zu ordnen: kein Stammbaum, keine Struktur, kein System. Die Vergnügungen werden einfach genannt. Das Gedicht zählt wirklich nur auf.

Brecht hat es in den fünfziger Jahren geschrieben. Seit 1948 lebte er in Ost-Berlin. Die ersten großen Kollektivanstrengungen des Wiederaufbaus sind erbracht. Nun kann man aufatmen und etwas mehr Gelassenheit aufkommen lassen. Auch Brecht schafft sich eine Nische, wie man später sagen wird, ein kleines Refugium: Buckow. Dennoch ist dieses Gedicht keine Buckower Elegie. Ist es eine Buckower Idylle?

Schiller hat einmal zu den Gefährdungen der literarischen Gattung Idylle die Neigung gerechnet, »den Geist auszuschließen, um mit dem Herzen ein leichteres Spiel zu haben«. Er läßt daher die Idylle unter den Bedingungen der modernen Zivilisation nur als Ausdruck einer sentimentalischen und nicht etwa einer naiven Empfindungsweise gelten. In diesem Sinn ist auch dieser Glückskatalog höchstens auf sentimentalische Weise naiv.

Er ist nämlich auf politische Weise privat, so will ich Schillers Ausdrucksweise nun in die Sprache unserer Zeit übersetzen. Denn nicht ohne List ist diesen auf den ersten Blick so locker aufgezählten Vergnügungen das Politische beigemischt, am eindeutigsten in der (Hegelschen) Dialektik, am ersichtlichsten in den (vom Sozialismus) begeisterten Gesichtern und am eindrucksvollsten in der letzten Vergnügung, dem Freundlichsein – wobei wir uns des Gedichts »An die Nachgeborenen« erinnern mit seinen elegischen Versen: »Die wir den Boden bereiten wollten für Freundlichkeit / Konnten selber nicht freundlich sein.«

Brechts Glückskatalog ist nicht meiner. Ich habe beispielsweise keinen Hund und will auch keinen haben. Pflanzen, ja, das tue ich ganz gerne, bin aber dabei immer besorgt, daß die Pflanzen vielleicht nicht angehen. Dann die Dialektik. Hegel, an den man bei diesem Wort ja zuerst denkt, hat einmal geschrieben: »Die Weltgeschichte ist nicht der Boden des Glücks. Die Perioden des Glücks sind leere Blätter in ihr.« Brechts Glückskatalog ist vielleicht, wenn Hegel recht hat, auf einer dieser leeren Seiten geschrieben. Dazu passen die bequemen Schuhe – es sind ja nicht die Marschstiefel der Legionen und Divisionen. Die bequemen Schuhe stehen nun in Brechts Glückskatalog, zusammen mit dem Begreifen, gerade zwischen den beiden Vergnügungen Alte Musik und Neue Musik. Deren Widersprüchlichkeit ist auf diese Weise bequem auszuhalten. Hier haben wir eine Spur Dialektik mitten im Katalog. Aber glücklicherweise geht es nach dieser These und Antithese nicht – eins, zwei drei – zu irgendeiner Synthese weiter.

Noch an zwei anderen Stellen weist der Glückskatalog Paarbildungen auf. Es stehen zunächst in einem Vers zusammen das Duschen und das Schwimmen. Sodann bindet Brecht in einem Vers zusammen das Schreiben und das

Pflanzen: Vergnügungen zweifellos auch sie – aber gehören sie zusammen? Ist Schreiben vielleicht eine Art des Pflanzens? Und wenn ja, geht das Geschriebene dann auch immer an?

WECHSEL DER DINGE

I.

Und ich war alt, und ich war jung zu Zeiten
War alt am Morgen und am Abend jung
Und war ein Kind, erinnernd Traurigkeiten
Und war ein Greis ohne Erinnerung.

II.

War traurig, wann ich jung war
Bin traurig, nun ich alt
So, wann kann ich mal lustig sein?
Es wäre besser bald.

Iring Fetscher
Das Glück, lustig zu sein

Das Gedicht ist in den letzten Lebensjahren Brechts geschrieben. Vermutlich nach dem 17. Juni 1953, der Anlaß zu vielen traurigen Versen des Stückeschreibers wurde. Alt sein und jung sein muß man sowohl wörtlich als auch symbolisch verstehen. In mancher Hinsicht war der junge Brecht schon alt. Er hatte das Grauen des Ersten Weltkrieges – im Lazarett zu Augsburg – kennengelernt und die Schmach einer Niederlage, deren Unvermeidlichkeit ihm noch nicht klar war. Der Zynismus der frühen Gedichte und des Baalschen Lebensgefühls erscheint dem Zurückblickenden als »alt« und resigniert.

Aber auch jetzt, da es Morgen zu werden schien nach dem Sieg der Antihitler-Koalition und der Gründung des ersten »deutschen Arbeiter-und-Bauern-Staates«, auch jetzt vermag Brecht nicht froh zu sein. Er nennt sich einen »Greis ohne Erinnerung«, vielleicht weil er an jene hohen Hoffnungen und Träume nicht mehr denken mag, die von der banalen Gegenwart allzu deutlich desavouiert werden. Ein Kind noch, erinnerte er sich schon der Traurigkeiten des Krieges, jetzt muß er seine Erinnerungen vergessen, weil er so viel Schmerz nicht aushalten könnte.

Die Erinnerung nicht nur an Hoffnungen und Träume, sondern auch an die vielen Toten, an Walter Benjamin, der sich auf der Flucht vor den Nazis das Leben nahm, an die junge Kommunistin Margarete Steffin, die in Moskau an Tuberkulose starb, an die Freunde in der Sowjetunion, von denen er kein Wort mehr gehört hat und die den »Säuberungen« zum Opfer gefallen sind, an einen Sohn, der als Soldat der Naziarmee im Osten fiel ... Das alles wird Brecht kaum vergessen haben, aber er kann wohl nicht mit all diesen Erinnerungen leben. Sucht sie von sich abzuschütteln. Wenn man alt wird, möchte man auch vergessen.

Die zweite Strophe faßt zusammen und spricht deutlich aus, was in der ersten nur angedeutet wurde. Um die gleiche Zeit schrieb Brecht ein Gedicht, in dem er sich als Grabschrift die beiden Zeilen ausbittet: »Er hat Vorschläge gemacht. Wir haben sie angenommen.« Weder trifft das auf vieles zu, was Brecht vorschlug, noch sind die Worte auf seinen Grabstein gemeißelt worden. Brecht wußte als Materialist: »und nichts kommt hinterher«; er erwartete kein langes Leben, und er, der unendlich Geduldige, begann ungeduldig zu werden. Zwar spricht er nur von seinem eigenen Glück, das er bescheiden und unerwartet als »lustig sein« umschreibt, aber er meint gewiß auch das der anderen, das er gerne miterlebt und mitempfunden hätte. Eine tiefe, ungetröstete Trauer spricht aus diesen zwei letzten Zeilen: »So, wann kann ich mal lustig sein? / Es wäre besser bald.«. Aber noch in seinen traurigsten Zeilen insistiert der Materialist und Hedonist auf die Einheit von Glück und Lust.

ALS ICH IN WEISSEM KRANKENZIMMER DER CHARITÉ

Als ich in weißem Krankenzimmer der Charité
Aufwachte gegen Morgen zu
Und die Amsel hörte, wußte ich
Es besser. Schon seit geraumer Zeit
Hatte ich keine Todesfurcht mehr. Da ja nichts
Mir je fehlen kann, vorausgesetzt
Ich selber fehle. Jetzt
Gelang es mir, mich zu freuen
Alles Amselgesanges nach mir auch.

Michael Hamburger
Die letzte Sachlichkeit

Dieses späte Gedicht von Brecht zu seinem eigenen Tod springt keineswegs aus dem Rahmen seines lyrischen Gesamtwerks. Die Stimmung ist scheinbar kühl, die Aussage schlicht und scheinbar eindeutig, der Rhythmus – wie meistens im Spätwerk – fast ein Prosarhythmus, die wenigen Bilder dienen der Information, nicht der Steigerung eines Gefühls oder der Erweckung eines Gefühls im Leser durch Rhetorik.

Auch darin, daß man dieses Gedicht als Erlebnislyrik oder als Lehrgedicht lesen kann, unterscheidet es sich nicht von vielen anderen Gedichten Brechts. Jahrzehnte lang hatte er sich bemüht, das Private und Individuelle weder auszuschließen noch zu verdrängen, seine persönlichen Bedürfnisse und Vergnügungen an den gesellschaftlichen Zielen zu messen, denen sein Engagement galt; aber auch umgekehrt, in einer fortwährenden Dialektik.

Selbst daß es zuletzt der Amselgesang war, um den es Brecht ging, kann nur jemanden erstaunen, der noch nicht gemerkt hat, wie schwer es Brecht immer gefallen war, kein »Naturlyriker« zu sein, also keine Gespräche über Bäume in Gedichten zu führen, wenn es um dringendere Angelegenheiten ging. Angesichts des eigenen Todes ging es aber Brecht nicht um dringendere Angelegenheiten. Diesen Tod als gesellschaftliches, kollektives Ereignis zu behandeln, wäre auch unbescheiden gewesen. Brecht konnte anmaßend oder arrogant sein, ganz besonders in Fragen der Freiheit und Autorität der Intellektuellen (wie in dem viel früheren Gedicht »Ich benötige keinen Grabstein«). Das gehörte zu seinem Engagement, nicht zu seinem Selbstbewußtsein. Durch die Jahrzehnte währende Bemühung, dem subjektiven Gefühl nicht unbedingt der Gesellschaft gegenüber recht zu

geben, wie es in der Romantik und Nachromantik üblich geworden war, hatte Brecht sich angewöhnt, auch das private Ich wie jeden anderen Gegenstand in Gedichten darzustellen als etwas, das zu seiner Erfahrung und seinem Wissen gehörte. Ein solches Verfahren beruht auf Bescheidenheit – auf der Bescheidenheit solcher, die gelernt haben, ihre Einzigartigkeit nicht zu überschätzen.
Zuletzt, angesichts des eigenen Todes, geht es Brecht um den Verlust seiner Vergnügungen. Die höchste dieser Vergnügungen ist die Beziehung zur Umwelt; jetzt aber nicht mehr zur menschlichen Umwelt, sondern zu jener, die alle gesellschaftlichen Systeme überdauert hat. Also Amselgesang. Zuletzt wird auch noch diese private Vergnügung den anderen überlassen (oder auch vermacht). Ein Rückfall in die Naturromantik oder gar in die Transzendenz? Ich glaube, nicht. Der Amselgesang, den man selbst in manchen Großstädten hört, ist ja nicht weniger wirklich als das weiße Krankenzimmer in der Charité.
Wenn das Gedicht etwas in Frage stellt oder transzendiert, ist es die Subjektivität, die zum Solipsismus neigt, die aber ohnehin durch den Tod aufgehoben wird. Ganz sachlich, auf materialistischer Basis, streift Brecht den Rest Subjektivität ab, der ihn daran hindern würde, sich noch angesichts des Todes zu freuen. Daß dieses letzte Bedürfnis, diese letzte Vergnügung, selbstlos sein muß, liegt in der Natur der Dinge. Damit hat Brecht auch eine begründete Subjektivität von einer falschen unterschieden, also noch ein Lehrgedicht geschrieben.

Bibliographische Notiz

Die Gedichte wurden zitiert nach Bertolt Brecht, *Werke. Gedichte 1 bis 5. Große kommentierte Berliner und Frankfurter Ausgabe*, herausgegeben von Werner Hecht, Jan Knopf, Werner Mittenzwei und Klaus-Detlef Müller, Suhrkamp Verlag Frankfurt am Main 1988, 1993 sowie nach *Die Gedichte von Bertolt Brecht in einem Band*, herausgegeben vom Suhrkamp Verlag, Suhrkamp Verlag Frankfurt am Main 1981.

Alphabetisches Verzeichnis der Überschriften und Gedichtanfänge

Verzeichnis der Interpreten

Thomas Anz geboren 1948 in Göttingen, ist Professor für Neuere Deutsche Literatur an der Universität Marburg. Er veröffentlichte unter anderem: »Literatur der Existenz im Expressionismus« (1977), »Gesund oder krank? Medizin, Moral und Ästhetik in der Gegenwartsliteratur« (1989), »Franz Kafka« (1989), »Es geht nicht um Christa Wolf« (1992), »Literatur und Lust« (1998) und »Literatur des Expressionismus« (2001).

Reinhard Baumgart geboren 1929 in Breslau, lebt als freier Schriftsteller in München und Berlin. Er lehrte Literaturwissenschaft an der TU Berlin von 1990 bis 1997 und veröffentlichte und anderem die essayistischen Bücher »Aussichten des Romans« (1968), »Glücksgeist und Jammerseele« (1986), »Selbstvergessenheit. Drei Wege zum Werk: Thomas Mann, Franz Kafka, Bertolt Brecht« (1989), »Auferstehung und Tod des Joseph Roth« (1991), »Addio, Abschied von der Literatur. Variationen über ein altes Thema« (1995) und »Liebesspuren« (2000).

Volker Bohn geboren 1941 in Wiesbaden, ist Professor für Neuere deutsche Philologie an der Johann Wolfgang Goethe-Universität Frankfurt am Main. Er veröffentlichte zuletzt: »Deutsche Literatur seit 1945«, eine sechsteilige Filmdokumentation (ZDF) und ein Begleitbuch (1993).

Elisabeth Borchers geboren 1926 in Homberg am Niederrhein, veröffentlichte unter anderem: »Gedichte« (1961), »Der Tisch an dem wir sitzen« (1967), »Eine glückliche Familie und andere Prosa« (1970), »Gedichte« (1976), »Wer lebt« (1986), »Von der Grammatik des heutigen Tages« (1992), »Was ist die Antwort« (1998) und »Alles redet, schweigt und ruft« (2001).

Wolfgang Brenneisen geboren 1941 in Tilsit, lebt in Biberach. Er schreibt vor allem Satiren und Hörspiele.

Hanspeter Brode geboren 1940 in Ludwigshafen, lebt dort. Er veröffentlichte unter anderem: »Benn-Chronik« (1978), »Günter Grass. Autorenbuch« (1979) und »Deutsche Lyrik – Eine Anthologie« (2000).

Peter Demetz geboren 1922 in Prag. Er ist emeritierter Professor für Germanistik und vergleichende Literaturwissenschaft an der Yale University in New Haven (USA). Hauptwerke: »René Rilkes Prager Jahre« (1953), »Marx, Engels und die Dichter« (1959), »Formen des Realismus – Theodor Fontane« (1964), »Die süße Anarchie« (1970), »Worte in Freiheit: Der italienische Futurismus und die deutsche literarische Avantgarde« (1990) und »Prag in Schwarz und Gold« (1998).

Friedrich Dieckmann geboren 1937 in Landsberg, lebt in Berlin. Er veröffentlichte unter anderem: »Streifzüge« (1977), »Theaterbilder« (1979), »Richard Wagner in Venedig« (1983), »Hilfsmittel wider die alternde Zeit« (1990), »Die Geschichte Don Giovannis« (1991) »Glokkenläuten und offene Fragen« (1991), »Vom Einbringen« (1992), »Temperatursprung« (1995), »Der Irrtum des Verschwindens« (1996), »Franz Schubert« (1996) und »Gespaltene Welt und ein liebendes Paar« (1999).

Kurt Drawert geboren 1956 in Hennigsdorf (Brandenburg), lebt heute in Darmstadt. Er veröffentlichte die Gedichtbände »Privateigentum« (1989), »Wo es war« (1996) und den Roman »Spiegelland« (1992) und die Essays »Haus ohne Menschen« (1993), »Rückseiten der Herrlichkeit« (2001) und »Reisen im Rückwärtsgang« (2001).

Iring Fetscher geboren 1922 in Marbach am Neckar, ist emeritierter Professor für Politikwissenschaft und Sozialphilosophie an der Johann Wolfgang Goethe-Universität Frankfurt am Main. Er veröffentlichte unter anderem: »Wer hat Dornröschen wachgeküßt, das Märchenverwirrbuch« (1972), »Utopien, Illusionen, Hoffnungen«

(1991), »Überlebensbedingungen der Menschheit – ist der Fortschritt noch zu retten?« (1991), »Neugier und Furcht« (1995) und »Die Dreigroschenoper« (2001).

Barbara Frischmuth geboren 1941 in Altaussee (Steiermark), lebt als freie Schriftstellerin in Altaussee. Sie veröffentlichte unter anderem die »Sternwieser Trilogie« (1986), die Romane »Über die Verhältnisse« (1988), »Einander Kind« (1990), »Die Schrift des Freundes« (1998) und »Die Entschlüsselung« (2001), den Erzählband »Hexenherz« (1994) sowie Theaterstücke, Hörspiele und Kinderbücher.

Werner Fuld geboren 1947 in Heidelberg, lebt in Inning/Ammersee. Er veröffentlichte unter anderem die Biographien Walter Benjamins (»Zwischen den Stühlen«, 1979) und Wilhelm Raabes (1993), »Paganinis Fluch« (2001) sowie die Erzählung »Als Kafka noch die Frauen liebte« (1994).

Robert Gernhardt geboren 1937 in Reval/Estland, lebt als Zeichner und Autor in Frankfurt am Main. Er veröffentlichte unter anderem: »Ich Ich Ich« (1982), »Kippfigur« (1986), »Körper in Cafés« (1987), »Was gibt's denn da zu lachen?« (1988), »Gedanken zum Gedicht« (1990), »Lug und Trug« (1991), »Wege zum Ruhm« (1996), »Lichte Gedichte« (1997), »Klappaltar« (1998), »Der letzte Zeichner« (1999) und »Berliner Zehner« (2001).

Reinhold Grimm geboren 1931 in Nürnberg, ist Professor für Deutsche und Vergleichende Literaturgeschichte an der University of California (USA). Er veröffentlichte unter anderem: »Nach dem Naturalismus: Essays zur modernen Dramatik« (1978), »Von der Armut und vom Regen: Rilkes Antwort auf die soziale Frage« (1981), »Texturen: Essays und anderes zu Hans Magnus Enzensberger« (1984), »Ein iberischer ›Gegenentwurf‹? Antonio Buero Vallejo, Brecht und das moderne Welttheater« (1991).

Michael Hamburger geboren 1924 in Berlin, lebt seit 1933 in England. Er schreibt in deutscher und englischer Sprache; unter anderem veröffentlichte er: »Zwischen den Sprachen« (1966), »Vernunft und Rebellion« (1969), »Die Dialektik der modernen Lyrik« (1972), »Wahrheit und Poesie« (1995), »Todesgedichte« (1998) und »In einer kalten Jahreszeit« (2000).

Ludwig Harig geboren 1927 in Sulzbach/Saarland, lebt dort. Er veröffentlichte unter anderem: »Die saarländische Freude« (1977), »Rousseau« (1978), »Der kleine Brixius« (1980), »Trierer Spaziergänge« (1983), »Ordnung ist das ganze Leben« (1986), »Weh dem, der aus der Reihe tanzt« (1990), »Die Hortensien der Frau von Roselius« (1992), »Der Uhrwerker von Glarus« (1993), »Wer mit den Wölfen heult, wird Wolf« (1996), »Spaziergänge mit Flaubert« (1997), »Pelés Knie« (1999) und »Reise mit Yoshimi« (2000).

Harald Hartung geboren 1932 in Herne, war bis 1998 Professor für Deutsche Sprache und Literatur an der Technischen Universität Berlin. Er veröffentlichte unter anderem das Essaybuch »Masken und Stimmen. Figuren der modernen Lyrik« (1996) sowie sechs Gedichtbände, zuletzt »Jahre mit Windrad« (1996), »Das gewöhnliche Licht« (1998) und »Traum im Deutschen Museum« (2000).

Eckhard Heftrich geboren 1928 in Stockach/Baden, war bis zu seiner Emeritierung Professor für Neuere Deutsche Literatur und Vergleichende Literaturwissenschaft an der Universität Münster. Er veröffentlichte unter anderem: »Novalis« (1969), »Zauberbergmusik. Über Thomas Mann – Bd. 1« (1975), »Lessings Aufklärung« (1977), »Vom Verfall zur Apokalypse. Über Thomas Mann – Bd. 2« (1982), »Musil« (1986) sowie »Geträumte Taten – Über Thomas Mann, Bd. III« (1993), und »Nietzsches tragische Größe« (2000).

Jost Hermand geboren 1930 in Kassel, ist seit 1958 Professor für Deutsche Literatur an der Universität Wisconsin (USA). Er publizierte unter anderem: »Synthetisches Interpretieren« (1968), »Von Mainz nach Weimar« (1969), »Unbequeme Literatur« (1971), »Streitobjekt Heine« (1975), »Sieben Arten an Deutschland zu leiden« (1979), »Die deutschen Dichterbünde« (1998), »Wollt ihr Thomas Mann wiederhaben?« (1999) und »Zuhause und anderswo« (2001).

Walter Hinck geboren 1922 in Selsingen/Niedersachsen, ist Professor für Deutsche Literatur an der Universität Köln. Er veröffentlichte unter anderem: »Goethe – Mann des Theaters« (1982), »Theater der Hoffnung« (1988), »Die Wunde Deutschland. Heinrich Heines Dichtung« (1990), »Magie und Tagtraum. Das Selbstbild des Dichters in der deutschen Lyrik« (1994), »Im Wechsel der Zeiten. Leben und Literatur« (Autobiographie, 1998), »Stationen der deutschen Lyrik« (2000) und »Literatur als Gegenspiel« (2001).

Walter Hinderer geboren 1934 in Ulm, ist Professor für Neuere Deutsche Literatur an der Princeton-University/USA. Er veröffentlichte unter anderem: »Elemente der Literaturkritik« (1976), »Büchner-Kommentar zum dichterischen Werk« (1977), »Der Mensch in der Geschichte. Ein Versuch über Schillers ›Wallenstein‹« (1980), »Über deutsche Literatur und Rede« (1981) sowie »Arbeit an der Gegenwart« (1994), »Von der Idee des Menschen« (1998) und »Geschichte der deutschen Lyrik vom Mittelalter bis zur Gegenwart« (2001).

Jürgen Jacobs geboren 1936 in Aachen, ist Professor für Neuere Deutsche Literatur an der Bergischen Universität in Wuppertal. Er veröffentlichte unter anderem Bücher zu Wieland (1969) und zum Bildungsroman (1972), ferner »Prosa der Aufklärung« (1976), »Der deutsche Schelmenroman« (1983), »Lessing« (1986), »Don Quijote in der Aufklärung« (1992), »Der deutsche Bildungsroman« (1989) und »Aporien der Aufklärung« (2001).

Walter Jens geboren 1923 in Hamburg, war Professor für Rhetorik an der Universität Tübingen. Er veröffentlichte Romane, Essays, Fernsehspiele und Theaterstücke, unter anderem: »Von deutscher Rede« (1966), »Republikanische Reden« (1976), »Eine deutsche Universtät. 500 Jahre Tübinger Gelehrtenrepublik« (1977), »Ort der Handlung ist Deutschland« (1981), »Kanzel und Katheder« (1983), »Juden und Christen in Deutschland« (1989), »Wer am besten redet, ist der reinste Mensch« (2000) und »Statt einer Literaturgeschichte« (2001).

Joachim Kaiser geboren 1928 in Milken/Ostpreußen, ist Redakteur bei der »Süddeutschen Zeitung« und war von 1977 bis 1996 ordentlicher Professor an der Staatlichen Hochschule für Musik und Darstellende Kunst in Stuttgart. Hauptwerke: »Große Pianisten unserer Zeit« (1965), »Beethovens 32 Klaviersonaten und ihre Interpreten« (1975), »Wie ich sie sah . . . und wie sie waren. Zwölf kleine Porträts« (1985), »Erlebte Literatur« (1988), »Leben mit Wagner« (1990), »Vieles ist auf Erden zu thun« (1991) und »Was mir wichtig ist« (1996).

Rainer Kirsch geboren 1934 in Döbeln/Sachsen, lebt in Berlin. Er veröffentlichte unter anderem: ›Kopien nach Originalen« (1974), »Auszog das Fürchten zu lernen« (1978), »Ordnung im Spiegel« (1985), »Sauna oder Die fernherwirkende Trübung« (1985), »Kunst in Mark Brandenburg« (1988), »Anna Katarina oder Die Nacht am Moorbusch« (1991) und »Die Talare der Gottesgelehrten« (2001).

Eckart Klessmann geboren 1933 in Lemgo/Lippe, lebt in Mecklenburg. Er veröffentlichte Bücher über den Prinzen Louis Ferdinand von Preußen (1972), Caroline Schlegel-Schelling (1975) und E.T.A. Hoffmann (1988) sowie »Die Mendelssohns. Bilder aus einer deutschen Familie« (1990), »Christiane – Goethes Geliebte und Gefährtin« (1992), »Ein Fest der Sinne« (1998), »Napoleon. Ein Charakterbild« (2000) und »Das schöne Kolorit der Welt« (2000).

Ruth Klüger geboren 1931 in Wien, ist Literaturwissenschaftlerin an der University of California, Irvine (USA). Sie veröffentlichte unter anderem: »weiter leben. Eine Jugend« (1992), »Katastrophen. Über deutsche Literatur« (1994), »Von hoher und niedriger Literatur« (1996) und »Frauen lesen anders. Essays« (1996).

Jan Knopf geboren 1944 in Arnstadt, ist Professor für Literaturwissenschaft an der Universität Karlsruhe. Er veröffentlichte unter anderem: »Friedrich Dürrenmatt« (1976/1980), das zweibändige »Brecht-Handbuch« (1980-1984/1996), »Gelegentlich: Poesie« (1996) und ist Mitherausgeber der »Großen kommentierten Berliner und Frankfurter Ausgabe« der Werke Brechts (1988 ff.)

Helmut Koopmann geboren 1933 in Bochum, ist seit 1974 Professor für Neuere Deutsche Literaturwissenschaft an der Universität Augsburg. Er veröffentlichte unter anderem: »Das junge Deutschland« (1970), »Das Drama der Aufklärung« (1978), »Der klassisch-moderne Roman in Deutschland. Thomas Mann – Döblin – Broch« (1983), »Schiller« (1988), das »Thomas-Mann-Handbuch« (1990), »Thomas Mann: Buddenbrooks« (1995) und »Schiller-Handbuch« (1998).

Horst Krüger geboren 1919 in Magdeburg, gestorben 1999 in Frankfurt am Main. Er schrieb die Prosabücher »Das zerbrochene Haus« (1966), »Deutsche Augenblicke« (1969), »Fremde Vaterländer« (1971), »Zeitgelächter« (1973), »Ostwest-Passagen« (1975), »Poetische Erdkunde« (1978), »Spötterdämmerung« (1981), »Tiefer deutscher Traum« (1983) und »Diese Lust am Leben. Zeitbilder« (1993).

Joseph Anton Kruse geboren 1944 in Dingden bei Bocholt, ist sei 1975 Direktor des Heinrich-Heine-Instituts in Düsseldorf und Honorarprofessor an der dortigen Universität. Er veröffentlichte unter anderem: »Heines Hamburger Zeit« (1972), »Heinrich Heine. Leben und Werk in Daten und Bildern« (1983) sowie »Denk ich an Heine« (1986).

Günter Kunert geboren 1929 in Berlin, lebt in Kaisborstel/Schleswig-Holstein. Hauptwerke: die Gedichtsammlungen »Erinnerungen an einen Planeten« (1963), »Unterwegs nach Utopia« (1977), »Abtötungsverfahren« (1980), »Berlin bei Zeiten« (1987) und »Mein Golem« (1996) sowie die Prosabände »Die Beerdigung findet in aller Stille statt« (1968), »Verspätete Monologe« (1981), »Im toten Winkel« (1992), »Baum Stein Beton« (1995), »Erwachsenenspiele« (1997) und »Nachrichten aus Ambivalencia« (2001).

Hermann Kurzke geboren 1943 in Berlin, lehrt Neuere Deutsche Literaturgeschichte an der Universität Mainz. Er veröffentlichte unter anderem: »Romantik und Konservatismus. Das politische Werk Friedrich von Hardenbergs (Novalis) im Horizont seiner Wirkungsgeschichte« (1983), »Thomas Mann. Epoche – Werk – Wirkung« (1985) und »Hymnen und Lieder der Deutschen« (1990). Er ist Herausgeber einer kommentierten Ausgabe der Essays von Thomas Mann (6 Bände, 1993-97).

Peter von Matt geboren 1937 in Luzern, ist Professor für Neuere Deutsche Literatur an der Universität Zürich. Er veröffentlichte Bücher über Grillparzer (1965) und E. T. A. Hoffmann (1971) sowie die Untersuchungen »Literaturwissenschaft und Psychoanalyse« (1972/2001), ». . . fertig ist das Angesicht« (1984), »Liebesverrat«

(1989), »Das Schicksal der Phantasie« (1994), »Verkommene Söhne, mißratene Töchter« (1995), »Die verdächtige Pracht« (1998) und »Die tintenblauen Eidgenossen« (2001).

Norbert Mecklenburg geboren 1943 in Insterburg, lebt in Köln. Er ist Professor für Neuere deutsche Literatur an der Universität Köln. Er veröffentlichte unter anderem: »Kritisches Interpretieren« (1972), »Erzählte Provinz« (1986), »Die grünen Inseln« (1987), »Die Erzählkunst Uwe Johnsons« (1997) und »Theodor Fontane« (1998).

Siegfried Melchinger geboren 1906 in Stuttgart, gestorben 1988 in Höchenschwand. Er war Professor für Musik und Darstellende Kunst und veröffentlichte unter anderem: »Theater der Gegenwart« (1956), »Modernes Welttheater« (1958), »Schauspieler« (1968), »Geschichte des politischen Theaters« (1971) und »Die Welt als Tragödie I/II« (1979/80).

Hans-Harald Müller geboren 1943 in Hamburg, lehrt an der Universität dortselbst Neuere deutsche Literatur. Er veröffentlichte unter anderem: »Intellektueller Linksradikalismus in der Weimarer Republik« (1977), »Der Krieg und die Schriftsteller« (1986) und »Leo Perutz« (1992).

Klara Obermüller geboren 1940, lebt in Zürich. Sie war Redakteurin bei der »Neuen Zürcher Zeitung« und der »Weltwoche« sowie bis 2001 Redakteurin und Moderatorin im Schweizer Fernsehen. Sie hat neben Hörspielen und Jugendbüchern die Bücher »Dem Leben recht geben. Gespräche mit Jean Rudolf von Salis« (1994) und »Schweizer auf Bewährung. Klara Obermüller im Gespräch mit Sigi Feigel« (1998) veröffentlicht.

Werner Ross geboren 1912 in Krefeld-Uerdingen, lebt in München. Er veröffentlichte unter anderem: »Der ängstliche Adler. Friedrich Nietzsches Lebensroman« (1980).

»Die Feder führend« (1987), »Lou Andreas-Salomé« (1992), »Baudelaire und die Moderne« (1993), »Der wilde Nietzsche« (1994), »Venezianische Promenade« (1996) und »Bohemiens und Belle Epoque« (1997).

Wolfgang Rothe geboren 1929 in Berlin, lebt in Heidelberg. Er ist Essayist und Literaturwissenschaftler und veröffentlichte unter anderem: »James Joyce« (1957), »Der Roboter und der andre« (1958), »Schriftsteller und totalitäre Welt« (1966), »Der Expressionismus« (1977), »Tänzer und Täter« (1979), »Ernst Toller« (1983) und »Goethe, der Pazifist« (1998).

Peter Rühmkorf geboren 1929 in Dortmund, lebt als Schriftsteller in Hamburg. Er veröffentlichte unter anderem die Gedichtbände »Haltbar bis Ende 1999« (1979), »agar agar zaurzaurim« (1985), »Selbstredend und selbstreimend« (1987), »Einmalig wie wir alle« (1989), »Lethe mit Schuß« (1998), »Wenn – aber dann. Vorletzte Gedichte« (1999), »Von mir, zu euch, für uns« (1999) und die Bücher »Die Jahre die Ihr kennt. Anfälle und Erinnerungen« (1999) sowie »Schachtelhalme. Schriften zur Poetik und Literatur« (2001).

Doris Runge geboren 1943 in Mecklenburg, lebt als freie Schriftstellerin in Cismar/Ostholstein. Sie veröffentlichte unter anderem die Gedichtbände: »jagdlied« (1985), »kommt zeit« (1988), »wintergrün« (1991) und »grund genug« (1995), »trittfeste schatten« (2000) und den Essayband »Welch ein Weib. Mädchen- und Frauengestalten bei Thomas Mann« (1998).

Gerhard Schulz geboren 1928 in Löbau/Sachsen, ist Professor em. für Deutsche Sprache und Literatur an der University of Melbourne. Er veröffentlichte unter anderem: »Novalis« (1969), »Arno Holz« (1974), »Die deutsche Literatur zwischen Französischer Revolution und Restauration« (2 Bde., 1983/1989), »Romantik« (1996),

»Exotik der Gefühle. Goethe und seine Deutschen« (1998) und »Europa und der Globus« (2001).

Wulf Segebrecht geboren 1935 in Neuruppin, ist Professor für Neuere deutsche Literaturwissenschaft an der Universität Bamberg. Er veröffentlichte u. a.: »Das Gelegenheitsgedicht. Ein Beitrag zur Geschichte und Poetik der deutschen Lyrik« (1977), »Goethes Gedicht ›Über allen Gipfeln ist Ruh‹« (1978), »Der Bamberger Dichterkreis« (1985), »Poetische Grabschriften« (1987), »Heterogenität und Integration. Studien zu Leben, Werk und Wirkung E. T. A. Hoffmanns« (1996), »Fundbuch der Gedichtinterpretationen« (1997) und »Was sollen Germanisten lesen?« (2000).

Hilde Spiel geboren 1911 in Wien, wo sie 1990 starb. Sie war von 1963 bis 1984 Wiener Kulturkorrespondentin der »Frankfurter Allgemeinen Zeitung«. Hauptwerke: »Fanny von Arnstein oder die Emanzipation« (1962), »Glanz und Untergang. Wien 1866 bis 1938« (1987), »Die hellen und die finsteren Zeiten« (1989), »Welche Welt ist meine Welt« (1990) und »Die Dämonie der Gemütlichkeit« (1991).

Jürgen Theobaldy geboren 1944 in Straßburg, lebt in Bern. Er veröffentlichte unter anderem die Gedichtbände »Blaue Flecken« (1974), »Zweiter Klasse« (1976), »Die Sommertour« (1983), »Der Nachtbildsammler« (1992), »Mehrstimmiges Grün« (1992), und »Immer wieder alles« (2000) sowie den Roman »Sonntags Kino« (1978), die Erzählung »Das Festival im Hof« (1985) und »In der Ferne zitternde Häuser« (2000).

Hans-Ulrich Treichel geboren 1952 in Versmold/Westfalen, ist Professor für Deutsche Literatur an der Universität Leipzig. Er veröffentlichte unter anderem die Monographie »Fragment ohne Ende. Eine Studie über Wolfgang Koeppen« (1984) sowie mehrere Gedichtbände,

Opernlibretti und die Prosabände »Von Leib und Seele. Berichte« (1992), »Heimatkunde oder Alles ist heiter und edel. Besichtigungen« (1996) und die Romane »Der Verlorene« (1998), »Tristanakkord« (2000) und »Über die Schrift hinaus. Essays zur Literatur« (2000).

Peter Wapnewski geboren 1922 in Kiel, ist emeritierter Professor der Germanistik und Gründungsrektor des Wissenschaftskollegs zu Berlin. Er veröffentlichte vor allem mediävistische Arbeiten und überdies »Richard Wagner. Die Szene und ihr Meister« (1978), »Der traurige Gott. Richard Wagner in seinen Helden« (1978, Neufassung 2002) sowie »Zumutungen; Essays zur Literatur des 20. Jahrhunderts« (1979). Außerdem »Zuschreibungen. Gesammelte Schriften« (1994), »Weißt Du wie das wird ...? Richard Wagner. Der Ring der Nibelungen« (1995) und »Tristan der Held Richard Wagners« (2001).

Harald Weinrich geboren 1927 in Wismar, ist Professor für Deutsch als Fremdsprache an der Universität München. Er veröffentlichte unter anderem: »Tempus – Besprochene und erzählte Welt« (1964), »Linguistik der Lüge« (1996), »Sprache in Texten« (1976), »Wege der Sprachkultur« (1985), »Lethe. Kunst und Kritik des Vergessens« (1997) und dem Gedichtband »Sag Schibboleth« (1997).

Wolfgang Werth geboren 1937 in Rudolstadt/Thüringen, veröffentlichte kritische Arbeiten, Reportagen und Erzählungen in diversen Sammelbänden.

Sibylle Wirsing geboren 1936 in München, lebt in Berlin. Sie war langjährige Feuilletonredakteurin des »Tagesspiegels« und von 1974 bis 1991 Berliner Kulturkorrespondentin der »Frankfurter Allgemeinen Zeitung«.

Gabriele Wohmann geboren 1932 in Darmstadt, lebt dort. Sie veröffentlichte neun Gedichtbände, zuletzt »Das könnte ich sein« (1989). Ihre neuesten Prosabücher sind die Erzählungsbände »Vielleicht versteht er alles« (1997),

»Bleibt doch über Weihnachten« (1998), »Schwestern« (1999), »Frauen machens am späten Nachmittag« (2000) und die Romane »Bitte nicht sterben« (1993), »Aber das war noch nicht das Schlimmste« (1995), »Das Handicap« (1996) und »Das Hallenbad« (2000).

Der Herausgeber:

Marcel Reich-Ranicki geboren 1920 in Włocławek an der Weichsel, leitete von 1973 bis 1988 die Literaturredaktion der »Frankfurter Allgemeinen Zeitung«. Er veröffentlichte unter anderem: »Nachprüfung« (1977), »Thomas Mann und die Seinen« (1987), »Der doppelte Boden« (1992), »Die Anwälte der Literatur« (1994), »Martin Walser« (1994), »Vladimir Nabokov« (1995), »Ungeheuer oben. Über Bertolt Brecht« (1996), »Wolfgang Koeppen« (1996), »Der Fall Heine« (1997), »Mein Leben« (1999) und »Vom Tag gefordert« (2001).